W0065080

Katja Enseling • Ruth Niehoff

DAS REKORD-
BASTELBUCH

60 Kreativ-Ideen für deine Olympiade

COPPENRATH

Inhalt

HÖHER 8
Hoch hinaus!

Hochhaus-Hürden 10
Quietschebunter Kneteturm 12
Lustige Fratzen-Flummis 14
Superstarkes Katapult 16
Pompon-Puster 18
Die fliegende Qualle 20
Kleine Klettertiere 22
Wirbelnde Jonglierkeulen 24
Papierflieger mit Zielwand 26
Rakete mit Abschussrampe 28

WEITER 52
Hin und weg!

Pappteller-Frisbee 54
Pfeil und Flitzebogen 56
Kaktus-Ringwurf 58
Die wirbelnde Zielscheibe 60
Murmel-Tipi 62
Wäscheklammer-Katapult 64
Leuchtende Wurfkometen 66
Buntstift-Armbrust 68
Kniffeliges Knöpfchenspiel 70
Sausender Wurfspeer 72

SCHNELLER 30
Auf die Plätze, fertig, los!

Monsterfuß-Wettlauf 32
Supercoole Seifenkiste 34
Flotte Pustevögel 36
Steckendrache 38
Meerjungfrauen-Wetthüpfen 40
Schnecke mit Ballonantrieb 42
Bienenfangspiel 44
Wasserfänger für heiße Tage 46
Kribbelige Rennkrabbe 48
Hungrige Monster 50

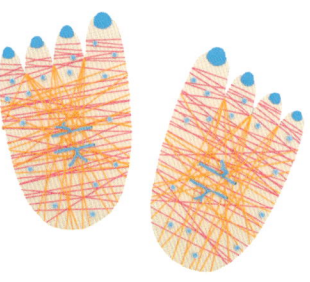

 superleicht    mittelschwer    anspruchsvoll

EKLIGER 94
Wie fies!

Kackwurst-Kekse 96
Hilfe, die Monster sind los! 98
Sagenhafte Schleimfurzdose 100
Gruselige Fotogläser 102
Schauderhafte Tattoos 104
Glibberige Farbeier 106
Tierische Badebomben 108
Glupschaugen-Brille 110
Raupenalarm in der Suppe 112
Fieser Fleck 114

COOLER 116
Ätsch!

Seifenblasen-Puster 118
Trinkhalm mit Durchblick 120
Feuchtfröhliche Blume 122
Kristallbuchstaben 124
Gefräßiger Schnappdino 126
Schimpfwort-Generator 128
Regenbogen-Hula-Hoop 130
Sprudelnder Vulkan 132
Bunte Schwammbomben 134
Rubbel-Lose 136

LAUTER 74
Knall, peng, bum!

Zipfelmützen-Xylofon 76
Blumentopf-Djembe 78
Freche Partytröte 80
Fetziger Luftballon-Bass 82
Lässige Stepptanzschuhe 84
Gartenschlauch-Trompete 86
Schepperndes Dosenwerfen 87
Klimper-klacker-Murmelbahn 88
Plastikdeckel-Rasseln 90
Kunterbunter Rasselstab 92

Wenn du mit Bohrer, Säge, Cutter oder Klebepistole arbeitest, lass dir von einem Erwachsenen helfen.

10

12

14

16

18

20

HÖHER
Hoch hinaus!

22

24

26

28

TIPP

Du kannst die Hochhaus-Hürde beliebig erweitern: Fang mit wenigen Stockwerken an und steigere dich dann in ungeahnte Höhen!

Haushoch springen!
HOCHHAUS-HÜRDEN

❶ Staple die Kartons zu zwei gleich hohen Türmen. Male jeweils zwei Kartons in der gleichen Farbe an. Verziere sie mit Fenstern und male auf die unteren auch eine Tür.

❷ Grundiere die Papprolle in Gelb und male eine rote Spirale auf. Lass die Farbe gut trocknen.

Material

* 10 kleine und mittlere Kartons, je zwei in gleicher Höhe
* Acrylfarben
* Pinsel
* Bleistift
* Papprolle, ca. 110 cm lang
* Cutter oder spitze Schere
* Bastelkleber

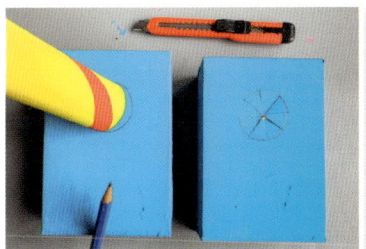

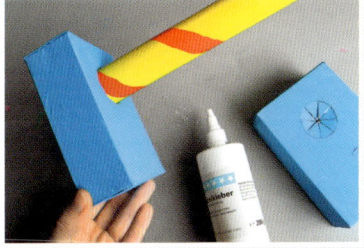

❸ Lege die beiden oberen Kartons vor dich hin. Stelle die Papprolle darauf und zeichne mit dem Bleistift drum herum. Die Markierungen müssen an derselben Stelle sein. Schneide die Kreise mit dem Cutter sternförmig ein. Oder mache in die Mitte jeweils ein Loch und schneide die Linien mit einer spitzen Schere ein.

❹ Gib etwas Bastelkleber auf die Enden der Papprolle und stecke je ein Ende in einen der Kartons. Jetzt nur noch den Leim trocknen lassen und fertig ist die Hochsprung-Stange. Staple die Kartons zu zwei gleichen Hochhäusern, nach ganz oben kommen die Kartons mit der Stange.

TIPP
Luftdicht verpackt ist die
Knete einige Zeit haltbar.

Turmhoch!
QUIETSCHEBUNTER KNETETURM

1 Gib Mehl, Salz, Wasser, Natron und Backöl in eine Rührschüssel und verarbeite alles mit dem Handmixer zu einem Teig. Lass ihn einen Moment ruhen, dann knete ihn mit den Händen durch.

2 Teile den Teig in 5 Stücke und färbe 4 davon mit Lebensmittelfarben ein. Wenn du magst, knete noch etwas Glitter hinein, damit sie schön funkelt!

Material

* 4 Tassen Mehl
* 1 Tasse Salz
* 2 Tassen heißes Wasser
* 2 EL Natron
* ein Röhrchen Backöl Zitrone, alternativ 1–2 TL Öl
* Rührschüssel
* Handmixer mit Knethaken
* Lebensmittelfarben
* optional: Glitter
* 25 bunte Papiertrinkhalme
* Schere

3 Schneide die Papiertrinkhalme in der Mitte durch. Schon kann gebaut werden: Verbinde die Halme mit Knete und baue bunte Türme.

Achtung, hier ist Geschicklichkeit gefragt! Wer schafft den höchsten Turm?

Haha, hüpf!
LUSTIGE FRATZEN-FLUMMIS

❶ Schneide mit dem Cutter den Tischtennisball vorsichtig auf der Hälfte auf, sodass er sich aufklappen lässt. Dabei kann bestimmt ein Erwachsener helfen.

❷ Lege das Backpapier auf den Arbeitsplatz und ziehe die Handschuhe an. Schütte 3 gehäufte Esslöffel Speisestärke auf das Backpapier und gib darauf eine gute Portion Silikon. Über das Silikon verteile einen weiteren Esslöffel Speisestärke. Knete die Masse durch und fülle sie in den Tischtennisball. Der Hohlraum sollte komplett ausgefüllt sein. Fixiere den Tennisball zwischen zwei schweren Gegenständen oder mit Gummiringen, damit er nicht aufgeht, und lass ihn 1 Tag trocknen.

Material

* Cutter
* pro Flummi 1 Tischtennisball
* Backpapier
* Einweghandschuhe
* Speisestärke
* Silikon
* Schere
* pro Flummi 1 weißer und 1 bunter Luftballon
* Permanent-Marker in Schwarz

❸ Verwandle den getrockneten Flummi in eine lustige Fratze: Schneide dafür von dem weißen Luftballon den Hals ab und ziehe den bauchigen Teil des Ballons über den Flummi. Wiederhole das mit einem farbigen Ballon, die Öffnung des weißen deckst du dabei mit dem bunten Ballon ab.

❹ Jetzt fehlt nur noch ein lustiges Gesicht, das du mit dem Permanent-Marker aufmalst, und schon kannst du deinen Flummi hüpfen lassen!

TIPP

Mit diesem Katapult kannst du Sachen mehrere Meter hoch schleudern. Benutze es also nur mit leichter „Munition" und immer draußen, wo genug Platz ist.

Bis in den Himmel!
SUPERSTARKES KATAPULT

1 Schleife die scharfen Kanten der Holzbretter etwas ab. Dann staple die kurzen Bretter, sodass an den Seiten zwei gleichmäßige Treppen entstehen.

3 Lege das längere Holzbrett längs über den Bretterstapel. Markiere darauf 3 Stellen für die Schrauben und bohre sie vor. Dann schraube das Brett auf den Stapel.

2 Bohre mit der Bohrmaschine zwei Löcher in das mittlere Brett, etwa in die Mitte der kurzen Seiten. Lass dir dabei von einem Erwachsenen helfen. Schraube das mittlere Brett auf das untere. Dann bohre das obere Brett vor und schraube es auf das mittlere.

4 Jetzt fehlt nur noch etwas Farbe! Schnapp dir einen Pinsel, deine Lieblingsfarben und los geht's!

Material

* 3 Holzbretter, 2 cm dick, 10 cm breit, 20, 25 und 30 cm lang
* 1 Holzbrett, 2 m dick, 10 cm breit, 70 cm lang
* Schleifpapier
* Bleistift
* Bohrmaschine
* 7 Holzschrauben, 3,5 cm lang
* Schraubendreher
* Acrylfarben
* Pinsel
* Tannenzapfen als Munition

Während die Farbe trocknet, kannst du ein paar Tannenzapfen als „Munition" suchen. Lege sie auf das längere Ende des Katapults, springe auf das andere Ende und huiii – fliegt der Zapfen hoch in die Luft!

Pusteblume!
POMPON-PUSTER

1 Schneide mit dem Cutter die obere Hälfte der Flasche ab. Lass dir dabei von einem Erwachsenen helfen. Dann schneide den Flaschenrand in gleichmäßigen Abständen ein, sodass 5–6 Streifen entstehen. Die Streifen sollten gleich lang sein.

3 Schraube den Deckel ab und lege ihn zur Seite. Dann male deinen Blütenkelch kunterbunt an.

2 Jetzt knicke die Streifen nach außen um und schneide sie zu runden Blütenblättern.

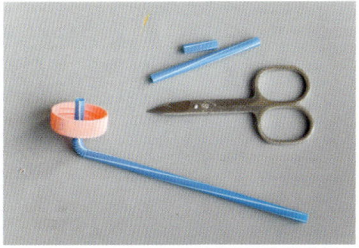

4 Während die Blüte trocknet, bohrst du mit einer spitzen Schere vorsichtig ein Loch in den Deckel. Es sollte nur so groß sein, dass der Trinkhalm gerade hineinpasst. Kürze den Trinkhalm an beiden Seiten etwas und stecke das kürzere Ende in den Deckel. Dann schraube den Deckel unten an deine Blüte.

Material

* kleine Plastikflasche mit Deckel
* Cutter
* Schere
* Acrylfarben
* Pinsel
* Trinkhalm mit Gelenk
* Pompons

Lege einen kleinen Pompon in die Blume und puste kräftig in den Halm. Hoppla – schon hüpft der Pompon in die Luft. Schnell, fang ihn wieder ein!

Material

* Drahtschere
* Gartendraht, 1,8 mm ø,
  2 m lang
* Lineal
* Zange
* Schere
* Luftpolsterfolie,
  ca. 50 x 60 cm
* Tacker
* bunte Klebebänder
* 8–10 Muffinförmchen
  aus Papier
* Sticknadel
* Wollreste
* etwas Krepppapier
* Schnur
* kleiner Stock

TIPP

Um die Qualle fliegen zu lassen, hältst du
sie mit einer Hand am Querdraht fest. In der
anderen Hand hältst du die Schnur. Halte die
Qualle hoch und lauf los. Sobald der Wind in
die Qualle pustet, lässt du den Draht los.

Königin der Lüfte!
DIE FLIEGENDE QUALLE

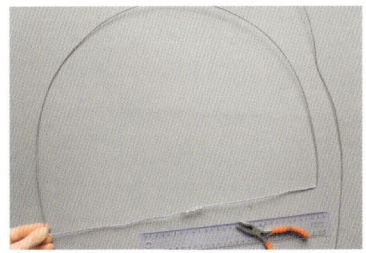

❶ Schneide von dem Draht etwa 50 cm ab und lege ihn zur Seite. Biege aus dem restlichen Draht einen Kreis. Verdrehe die Drahtenden mit der Zange. Dann biege den Kreis, sodass unten eine gerade Kante entsteht, wie bei einem liegenden D.

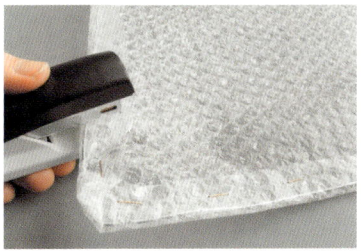

❹ Falte die überstehende Folie über den Draht und tacker sie ringsum fest.

❷ Verbinde die Seiten mit dem 50 cm langen Drahtstück. An dieser Querverbindung befestigst du später die Schnur zum Festhalten.

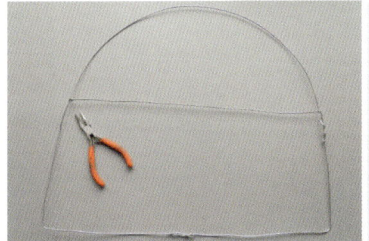

❺ Drehe den Quallenkörper um. Klebe mit den bunten Klebebändern ein fröhliches Gesicht und verziere die gerade Kante mit Zacken und Strichen.

❼ Binde eine lange Schnur an den Querdraht auf der Rückseite. Knote an das untere Ende der Schnur einen kleinen Stock zum Festhalten – fertig ist die Flugqualle!

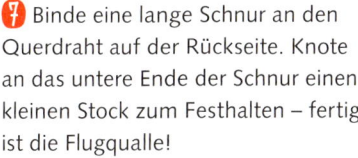

❸ Schneide aus Luftpolsterfolie den Quallenkörper aus. Lege dazu die Folie mit der glatten Seite nach unten auf den Tisch. Lege die Drahtform darauf und schneide mit 3 cm Abstand drum herum die Folie zu.

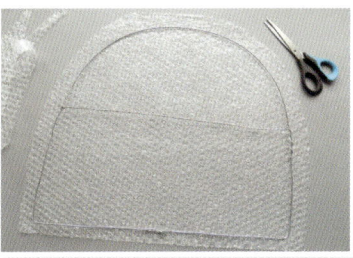

❻ Fädle die bunten Muffinförmchen mit der Sticknadel auf einen Wollfaden. Mache unter jedem Förmchen einen Knoten in den Faden, damit nichts verrutscht. Schneide Flatterbänder von unterschiedlicher Länge aus Luftpolsterfolie, Krepppapier und Wolle zurecht. Tacker sie unten an die Qualle.

Jetzt brauchst du nur noch eine frische Brise, um deine Qualle lustig durch die Lüfte flattern zu lassen!

Bis ganz nach oben!
KLEINE KLETTERTIERE

❶ Denk dir ein lustiges Klettertier aus und zeichne es mit dem Filzstift auf ein Stück Tonkarton. Schneide es mit der Schere grob aus.

❷ Schneide zwei gleich lange Trinkhalmstücke zurecht und klebe sie längs auf die Rückseite deines Tierchens.

Material

* Tonkarton in Bunt, ca. 15 x 10 cm
* Filzstift in Schwarz
* Schere
* Papiertrinkhalm
* Bastelkleber
* Schnur, 3 m lang
* 2 mittelgroße Holzperlen

❸ Fädle die Enden der Schnur von oben durch die Trinkhalmstücke. Zum Schluss knote an jedes Schnurende eine Holzperle.

So gehts: Suche dir einen Nagel in der Wand, an dem du dein Klettertier aufhängen kannst, oder bitte deine Eltern, einen anzubringen. Hänge die Schnur daran und nimm in jede Hand eine der Holzperlen. Ziehe die Schnüre auseinander – schwups klettert dein Tier nach oben!

Material

Für 3 Jonglierkeulen

* Besenstiel, 120 cm lang
* Säge
* Zollstock
* Bleistift
* Schleifpapier
* alter Baumwoll-Bettbezug,
  135 x 200 cm
* Schere
* Isolierklebebänder in Bunt

TIPP

Für die drei Jonglierkeulen brauchst
du etwas Zeit, denn es wird viel
Stoff gerissen und gewickelt. Mit der
ganzen Familie schafft ihr das aber
locker an einem Nachmittag.

Juchuuu!
WIRBELNDE JONGLIERKEULEN

1 Säge den Besenstiel in drei 40 cm lange Stücke. Dabei kann dir sicher ein Erwachsener behilflich sein. Schmirgle die Sägekanten mit Schleifpapier glatt.

2 Reiße den Bettbezug in 4 cm breite Stoffstreifen. Schneide dafür am besten erst ringsum die Nähte und die Knopfleiste ab, sodass du ein großes Stoffstück erhältst. Schneide es an einer Seite in Abständen von 4 cm ein, fasse immer rechts und links neben dem Schnitt an und reiße dir so einen Vorrat an Streifen.

3 Nimm einen Holzstab und umwickle ihn auf einer Seite mit Stoffstreifen, bis er schön keulenförmig ist. Umwickle das andere Ende des Stabs so lange, bis ein Knauf entsteht, über dem du die Keule gut greifen kannst. Klebe die Stoffenden einfach mit etwas Isolierband fest. Forme so drei möglichst gleichmäßige Keulen.

4 Beklebe deine Keulen einfarbig mit Isolierband. Beginne mit dem Knauf und dem oberen Keulenende: Klebe kreuzweise Streifen darüber, bis kein Stoff mehr zu sehen ist. Dann fängst du unter dem Knauf an, die Keule zu umwickeln. Achte darauf, dass das Isolierband schön straff anliegt.

5 Zum Schluss verziere die Keulen kunterbunt mit Isolierbandstreifen und -stücken.

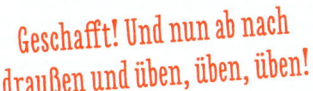

Geschafft! Und nun ab nach draußen und üben, üben, üben!

Schieß los!
PAPIERFLIEGER MIT ZIELWAND

1 Für die Flügel deines Papierfliegers falte die beiden Tonkartonstreifen genau in der Mitte. Mit der Schere rundest du die Ecken ab.

3 Für die Zielwand falte die drei Tonpapierbögen in der Mitte und klebe die Hälften mit dem Klebestift aufeinander. So erhältst du drei stabilere Papiere von 50 x 35 cm. Zeichne mit dem Kuchenteller als Schablone auf jedes Papier einen Kreis als Zielloch und schneide ihn aus.

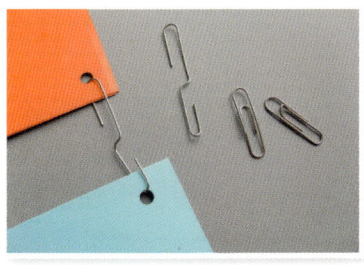

2 Bestreiche die Knicke der Flügel mit Kleber und klebe den Trinkhalm so darauf fest, dass die Enden über die Flügel hinausragen. Klebe mit Bastelkleber eine Perle an die Flugzeugspitze und ein Stückchen vom Orangennetz in das andere Ende des Halmes. Wenn du magst, verziere die Flügel mit Sternchenaufklebern.

4 Zeichne auf die Papierkreise die Zahlen für die Punkte: eine rote 50, eine hellblaue 20 und eine blaue 10. Schneide sie aus und klebe sie neben die Ziellöcher. Verziere die Zahlen mit Sternchenaufklebern.

5 Lege die drei Ziele untereinander. Um sie zu verbinden, loche die Ecken und hänge die Papierstücke mit auseinandergebogenen Büroklammern untereinander.

Material

* 2 Tonkartonstreifen in 4 x 20 cm und 3 x 10 cm
* Schere
* Bastelkleber
* Papiertrinkhalm
* Holzperle, 8 mm ø
* Stück Orangen- oder Zitronennetz
* Sternchenaufkleber
* Tonpapier in Rot, Blau und Hellblau, je 50 x 70 cm
* Klebestift
* Kuchenteller als Schablone
* Bleistift
* Locher
* 6 Büroklammern
* Schnur zum Aufhängen

Mit zwei weiteren Büroklammern kannst du die Zielwand an eine gespannte Schnur hängen. Schaffst du es, deinen Papierflieger durch die Ziellöcher sausen zu lassen?

Material

* PVC-Rohr, 20 mm ø,
  20 cm lang
* Plastikflasche, 1 l
* farbige Isolier- oder Gewebe-
  klebebänder
* Schere
* 1 Blatt Papier in Weiß,
  DIN A4
* Klebefilm
* Bastelvorlage Rakete
  von Seite 138
* Tonkarton in Schwarz
* Bleistift
* Bastelkleber
* Permanent-Marker

TIPP
Sollte die Flasche nach dem Raketenstart einge-
dellt sein, puste einmal kräftig in das graue Rohr!

Ab ins Weltall!
RAKETE MIT ABSCHUSSRAMPE

❶ Schiebe das PVC-Rohr 2 cm weit in die Öffnung der Flasche und befestige es mit Klebeband am Flaschenhals.

❷ Schneide vom weißen Papier einen 10 cm breiten Streifen entlang der kürzeren Seite ab und wickle ihn um das PVC-Rohr. Befestige das Ende mit Klebefilm. Stopfe das oben überstehende Papier in das Rohr.

❸ Wickle das restliche weiße Papier eng um das Rohr. Befestige das Ende wieder mit Klebefilm. Verschließe die Papierröhre oben, indem du den Rand etwas nach innen umknickst. Klebe zusätzlich ein paar Streifen Klebefilm darüber. Dann ziehe die Papierröhren vom PVC-Rohr. Für deine Rakete brauchst du nur die äußere Röhre.

❹ Kopiere die Bastelvorlage von Seite 138 und schneide sie aus. Übertrage die Umrisse der Kappe und zweimal die des Flügels auf schwarzen Tonkarton. Schneide alles aus. Knicke die Klebefläche der Kappe um und klebe die Form zu einem Kegel. Knicke die Klebeflächen an den Flügeln um.

❺ Klebe die Flügel und die Kappe mit Bastelkleber an die weiße Papierröhre.

❻ Verziere die Rakete und die Flasche mit farbigen Klebebändern. Male mit dem Permanent-Marker eine Kommandozentrale mit Knöpfen und Schaltern auf die Flasche. Zum Schluss stecke die Rakete auf das graue PVC-Rohr.

Der Countdown kann beginnen: 3, 2, 1, Feuer! Drücke die Flasche mit beiden Händen kräftig zusammen – und wusch!!!

32

34

36

38

40

42

44

SCHNELLER
Auf die Plätze, fertig, los!

46

48

50

Monster-Wettrennen: Zuerst werden Start- und Ziellinie markiert. Alle Monster, die am großen Monster-Rennen teilnehmen, schnallen die Monsterfüße um und stellen sich an der Startlinie auf. Auf ein monstermäßiges Kommando laufen alle los. Das schnellste Monster gewinnt!

Auf großem Fuß!
MONSTERFUß-WETTLAUF

1 Zeichne auf ein Stück Pappkarton einen großen Monsterfuß und schneide ihn aus. Lege ihn als Schablone auf die anderen drei Pappen und fahre den Umriss mit Bleistift nach. Schneide alle Füße aus.

2 Umwickle zwei Füße kreuz und quer mit bunten Wollresten. Die Pappe sollte aber noch gut zu sehen sein. Verknote die Enden der Wollfäden auf der Unterseite der Füße.

Material

Für 1 Paar Füße
* 4 Pappkarton-Stücke, je 30 x 45 cm
* Bleistift
* Schere oder Cutter
* bunte Wollreste
* Bastelkleber
* Moosgummi in DIN A4
* kleine Pompons
* Lineal
* 4 Stücke Gummilitze, je 25 cm lang

3 Als Verstärkung klebe unter jeden umwickelten Fuß noch einen Pappfuß. Lege die Füße erst mal probehalber aufeinander. Dann bestreiche die Oberseite der unteren Füße mit Bastelkleber und lege die mit Wolle umwickelten Monsterfüße darauf. Beschwere die Füße mit Büchern und lass den Leim trocknen.

4 Schneide aus Moosgummi Monster-Zehennägel und klebe sie auf. Klebe auch auf die Unterseite einige Moosgummiflecken. Danach schmücke die Füße mit Pompon-Warzen.

5 Ist der Kleber getrocknet, bringe die Gummibänder zum Anschnallen an. Markiere in der Mitte der Monsterfüße zwei Löcher im Abstand von 10 cm. Durchbohre mit der Schere vorsichtig die Markierungen und ziehe ein Stück Gummilitze hindurch. Knote die Enden zusammen. Das zweite Gummiband bringst du im Abstand von 4 cm dahinter an.

Rasender Spaß!
SUPERCOOLE SEIFENKISTE

 ❶ Beginne mit der Seifenkiste. Bemale deinen Karton und das stabile Pappstück in deiner Lieblingsfarbe und lass alles gut trocknen.

 ❷ Inzwischen denk dir eine Startnummer und einen coolen Look für deine Seifenkiste aus: feurige Flammen, Sterne … Zeichne alles auf die Pappreste, schneide die Teile aus und male sie bunt an.

 ❸ Verziere die Kiste und das Pappstück mit Klebeband. Lege das Pappstück vorn quer auf den Karton und befestige die vordere lange Seite mit Gewebeklebeband von innen am Karton, sodass du es auf- und zuklappen kannst.

4 Klebe die Startnummer und deine Dekoration auf die Kiste.

5 Bastel dir ein paar Rennstöcke. Bemale dafür die beiden Rundhölzer passend zur Kiste. Ist die Farbe getrocknet, verziere die Stöcke noch mit Klebebandstreifen.

Material

* Bananenkarton o. Ä.
* stabiles Pappstück, etwas breiter als dein Karton, 18 cm lang
* Acrylfarben
* Pinsel
* Bleistift
* Pappe für die Deko (z. B. Zahl, Flammen, Stern)
* Cutter oder Schere
* breites buntes Klebeband zum Verzieren
* Gewebeklebeband
* Holzleim oder Klebepistole
* 2 Rundhölzer
* 2 Tennisbälle
* Schwammtuch
* Gummiringe
* Longboard
* Paketschnur

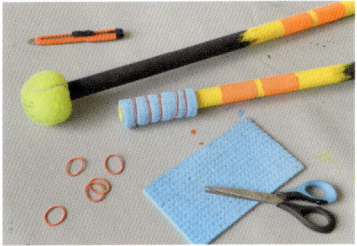

6 Schneide die Tennisbälle mit dem Cutter kreuzförmig ein und stecke sie unten auf die Holzstäbe. Lass dir dabei von einem Erwachsenen helfen. Schneide das Schwammtuch in der Mitte durch. Wickle die Hälften als Griffe um die Rennstöcke und befestige sie mit den Gummiringen.

7 Stelle deine Kiste auf das Longboard. Zum Befestigen brauchst du ein langes Stück Paketschnur und einen Erwachsenen, der dir hilft. Führt die Schur unter dem Longboard durch und fädelt sie dann durch ein Loch im Boden der Kiste. Sollte dein Karton keine Löcher im Boden haben, kannst du mit der Schere welche hineinbohren. Dann diagonal durchs nächste Loch, wieder unter dem Board durch und so weiter. Zwischendurch die Schnur straff ziehen und zum Schluss, wenn die Kiste richtig festsitzt, alles gut verknoten.

Seifenkistenrennen: Jedes Seifenkistenrennen sollte von einem Erwachsenen begleitet werden und an einem sicheren Ort stattfinden, zum Beispiel auf dem Schulhof oder in einer verkehrsberuhigten Zone! Markiert Start- und Ziellinie und zieht euch Helm und Handschuhe an. Lasst euch beim Ein- und Aussteigen in die Seifenkisten helfen. Auf die Plätze, fertig ...

Flieg los!
FLOTTE PUSTEVÖGEL

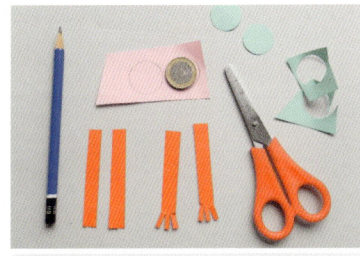

1 Kopiere die Bastelvorlage für den Schnabel von Seite 140 und schneide sie aus. Übertrage den Umriss und die Markierungen zweimal auf Tonpapier und schneide sie aus. Falte die Schnäbel einmal in der Mitte. Dann knicke die Klebekanten um.

2 Für die Vogelbeine schneide insgesamt vier Tonpapierstreifen zu. An einem Ende schneidest du sie fransig ein, sodass drei Zehen entstehen. Biege die Zehen etwas auseinander. Danach schneide vier kleine Kreise für die Augen aus. Nimm das Eurostück als Schablone.

Material

Für 2 Vögel
* Bastelvorlage Vogelschnabel von Seite 140
* Schere
* Bleistift
* Tonkartonresete
* 1-Euro-Münze als Schablone
* Bastelkleber
* 2 Pappbecher
* 4 Wackelaugen
* 6 Bastelfedern
* Sticknadel
* 2 Schnüre, ca. 3 m lang

3 Klebe alle Tonpapierteile an die beiden Pappbecher: Klebe die Wackelaugen auf die Augenkreise, auf jede Seite eine Feder als Flügel und oben in die Becheröffnung eine Schwanzfeder.

4 Um die Vögel auf die Schnüre zu fädeln, bohrst du mit der Sticknadel über dem Schnabel ein kleines Loch in den Becher und ziehst die Schnur hindurch. Zum Spielen spannst du die Schnüre zwischen zwei Stühlen fest. Sie sollten straff gespannt sein, damit sich der Vogel gut daran entlangpusten lässt.

Vögel-Wettpusten: Auf ein Kommando versuchen zwei Kinder, möglichst schnell den Vogel von einem Ende der Schnur ans andere zu pusten. Also einmal ganz tief Luft holen und los geht's!

Material

* einzelne Socke
* Füllwatte
* Stock, ca. 80–90 cm lang
* 3 Pfeifenputzer
* Spülschwamm in Grün
* Schere
* Bastelvorlage Steckendrache
  von Seite 140
* Stecknadeln
* Filz in Orange und Pink
* Nähgarn
* Klebepistole
* 2 Wackelaugen
* Band für die Zügel,
  80–90 cm lang

Auf zum Turnier der Drachenreiter!

Hopp, hopp!
STECKENDRACHE FÜR SCHNELLE DRACHENREITER

❶ Für den Drachenkopf stopfe den Fuß der Socke gut mit Füllwatte aus.

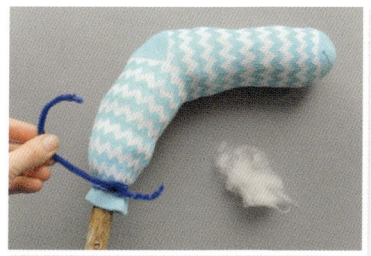

❷ Schiebe den Stock in den Sockenhals und polstere ihn rundherum gleichmäßig mit Watte aus. Umwickle Sockenhals und Stock fest mit einem Pfeifenputzer.

❸ Schneide vom Spülschwamm einige etwa 1 cm breite Scheiben ab. Schneide daraus die Dreiecke für die Drachenzacken, zwei Kreise für die Augen und zwei viereckige Stückchen für die Nüstern.

❹ Kopiere die Bastelvorlage für die Drachenflamme von Seite 140 und schneide sie aus. Befestige mit Stecknadeln die größere Flamme auf dem orangen Filz und die kleinere auf dem pinkfarbenen. Schneide die Flammen aus und lege sie aufeinander. Raffe sie an der unteren Kante zusammen und umwickle sie mit Nähgarn.

❺ Suche dir einen Erwachsenen, der dir mit der Klebepistole behilflich sein kann. Gemeinsam klebt ihr erst die Zacken, dann die Kreise für die Augen, die Wackelaugen, die Nüstern und die Flammen an. Wenn du magst, klebt auch noch ein Stück Schwamm an das Ende des Steckens.

❻ Lege zwei Pfeifenputzer um das Drachenmaul und befestige an einem das Band für die Zügel. Verknote die Enden des Bandes und schon kannst du aufsteigen.

Wetthüpfen: Alle Fische und Meerjungfrauen begeben sich zur Startlinie. Schlüpft mit beiden Beinen in die abgeschnittene Socke. Dann zieht die Flosse darüber. Sie sollte vorn auf euren Füßen liegen. Auf die Flossen, fertig, los! Wer hüpft zuerst ins Ziel?

Flinke Fische!
MEERJUNGFRAUEN-WETTHÜPFEN

1 Kopiere die Flossen-Vorlage von Seite 139 und schneide sie aus. Falte die Filzquadrate zur Hälfte. Lege die Vorlage mit der geraden Seite an den Falz des Filzes. Befestige sie mit Stecknadeln und schneide die Flossen aus.

2 Stecke die beiden Filzflossen mit Nadeln aufeinander und nähe sie mit Stickgarn in groben Stichen zusammen. Lass dabei den oberen Rand offen.

Material

Für 1 Flosse
* Bastelvorlage Fischflosse von Seite 139
* Schere
* 2 Stücke Filz, je 30 x 30 cm
* Stecknadeln
* Stickgarn und Nähgarn
* Sticknadel und Nähnadel
* Füllwatte
* Gummilitze, 15 cm lang
* zum Verzieren: bunte Knöpfe, Filzreste, Streusterne, Schmucksteine …
* Bastelkleber
* einzelne Socke ab Größe 39

3 Fülle die Flosse mit Watte und nähe die Öffnung zu.

4 Nähe die Enden der Gummilitze mit Nähnadel und Faden an den oberen Zipfeln der Flosse fest.

5 Schmücke deine Flosse mit Knöpfen, bunten Filzstückchen oder Schmucksteinen. Du kannst sie einfach mit Bastelkleber aufkleben. Zum Schluss schneide noch von der Socke die Fußspitze ab. Auf zum großen Wetthüpfen!

Lass deine
Rennschnecke flitzen!
Wie wäre es mit einem großen
Schnecken-Wettrennen?

Material

* kleine, längliche Pappschachtel,
  z. B. von Zahnpasta
* Klebestift
* Geschenkpapier
* Schere
* 2 Papiertrinkhalme
* Holzleim
* Schaschlikstab
* 4 schwarze Holzperlen, 20 mm ø
* Lineal
* Krepppapier in Orange
* 2 Wackelaugen
* Plastiktrinkhalm mit Gelenk
* Luftballon
* Wollfaden
* Wäscheklammer
* Permanent-Marker

Von wegen langsam!
SCHNECKE MIT BALLONANTRIEB

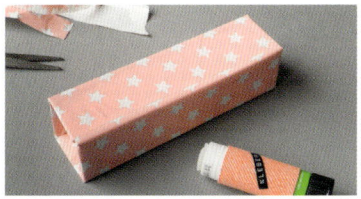

1 Falte an einer Seite der Pappschachtel die Laschen nach innen um, sodass sie offen ist. Beklebe die Schachtel mit Geschenkpapier.

4 Schneide von einem Papiertrinkhalm zwei 8 cm lange Stücke ab. Rolle zwei kirschgroße Kugeln aus Krepppapier. Packe sie jeweils in ein glattes Stück Krepppapier und verdrehe die Ecken zu einem Zipfel. Gib einen Tropfen Holzleim in jedes Halmstück und stecke die Zipfel hinein. Klebe die Wackelaugen auf die Papierkugeln.

7 Schiebe den Trinkhalm mit dem langen Ende zuerst in die Schnecke und ziehe ihn hinten heraus. Kürze ihn so, dass er 4 cm aus der Schnecke herausragt. Stopfe die Öffnung um den Halm mit Krepppapier aus.

2 Schneide zwei Trinkhalmstücke so zu, dass sie 1 cm länger sind, als die Schachtel breit ist. Klebe sie mit Leim an die Unterseite. Sie sollten parallel zueinander sein und an beiden Seiten gleich weit über die Schachtel hinausragen.

5 Bohre mit der Schere zwei Löcher in die Oberseite des Kartons und stecke die Fühler hinein. Verdrehe ein Stückchen Krepppapier zu einem Mund und klebe ihn an. Bohre weiter hinten ein etwas größeres Loch für den Luftballon.

8 Puste den Ballon durch den Strohhalm auf und klemme eine Wäscheklammer auf den Trinkhalm. Male mit dem Permanent-Marker eine Spirale auf den Ballon. Fertig!

3 Für die Achsen schneidest du den Schaschlikstab in der Mitte durch. Klebe auf je ein Ende eine Holzperle als Rad. Schiebe die Achsen durch die Trinkhalmstücke, kürze sie etwas und klebe die beiden übrigen Holzperlen auf. Lass den Holzleim trocknen.

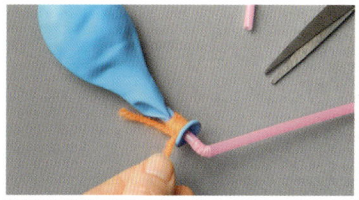

6 Vom Plastiktrinkhalm schneidest du 1,5 cm des kurzen Endes ab. Stülpe den Luftballonhals über das kurze Ende, umwickle ihn fest mit dem Wollfaden und verknote die Enden.

Bienenfangspiel: Jeder Spieler klemmt sich eine Biene an die Kleidung und versucht, die Bienen der anderen zu mopsen und in den Bienenstock zurückzubringen. Der letzte Spieler mit Biene gewinnt. Das könnt ihr auch in Teams spielen.

Sausende Flieger!
BIENENFANGSPIEL

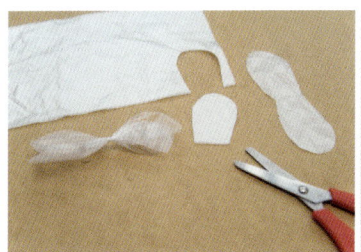

1 Lege die Plastiktüte doppelt und schneide von der Knickkante ausgehend ein Oval aus. Falte das Oval auseinander und drehe die entstandenen Flügel in der Mitte etwas ein.

3 Umwickle eine obere Seite der Wäscheklammer mit doppelseitigem Klebeband.

5 Streiche mit dem Pinsel oder dem Schwamm etwas braune Farbe auf die Luftpolsterfolie und drucke diese dann vorsichtig auf den Fotokarton. Am besten deckst du deinen Arbeitsplatz vorher mit Zeitung ab.

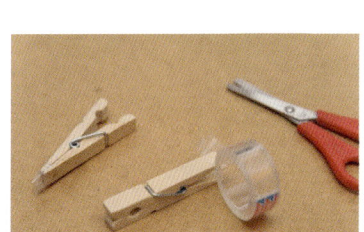

2 Drücke die Wäscheklammern auf und fixiere sie mit Klebefilm.

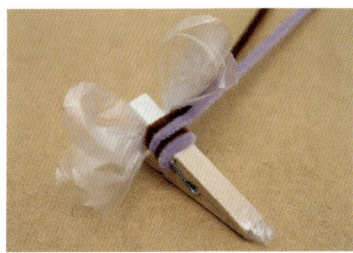

4 Nimm 2 Pfeifenputzer in den gewünschten Farben und beginne ganz unten am doppelseitigen Klebeband, die Wäscheklammer damit zu umwickeln. Ungefähr bei der Hälfte wickelst du die Flügel mit ein. Bis zum Ende wickeln, überstehende Pfeifenputzer einfach abschneiden und die Enden festdrücken. Jetzt noch 2 Wackelaugen aufkleben und fertig ist das Bienchen.

Material

* durchsichtige Plastiktüte
* Schere
* Holz-Wäscheklammern
* Klebefilm
* doppelseitiges Klebeband
* Pfeifenputzer
* Wackelaugen
* Pinsel
* evtl. Schwamm
* Bastelfarbe in Braun
* Luftpolsterfolie, DIN A4
* Fotokarton in Gelb, DIN A4

6 Wenn die Farbe getrocknet ist, zeichne einen Bienenstock auf den Karton und schneide ihn aus. Male noch einen Eingang und bohre oben ein kleines Loch. Ziehe einen Rest Pfeifenputzer durch das Loch und hänge den Bienenstock damit in einen Baum.

Spritziger Spaß!
WASSERFÄNGER FÜR HEISSE SOMMERTAGE

❶ Kopiere die Bastelvorlage von Seite 139 und schneide sie aus. Lege sie einmal auf blaues und einmal auf pinkfarbenes Moosgummi und fahre mit dem Bleistift den Umriss nach. Dann schneide die Formen aus.

❷ Lege die Vorlage auf die Flaschen und zeichne mit dem Permanent-Marker die Kreise für die Öffnungen an. Schneide sie mit einer spitzen Schere aus.

Material

Für 2 Wasserfänger
* Bastelvorlage Wasserfänger von Seite 139
* spitze Schere
* Moosgummi in Blau und Pink
* Bleistift
* 2 Wasserflaschen, 1,5 l
* Permanent-Marker
* doppelseitiges Klebeband
* 6 bunte Pfeifenputzer
* 2 Stücke Gummilitze, je 50 cm lang
* 2 Wasserspritzpistolen

❸ Mit doppelseitigem Klebeband befestigst du die gezackten Moos-gummi-Teile auf den Flaschen.

❹ Schmücke die Flaschen mit den bunten Pfeifenputzern. Zuletzt knotest du am unteren Pfeifenputzer die Enden der Gummilitze an. Dann setze dir den Wasserfänger auf den Kopf. Passt er? Sonst kürze das Gummiband ein wenig.

Wasserfänger-Spiel für 4: Bildet zwei Teams. Jedes Team wählt einen Wasserfänger aus. Die Wasserfänger setzen sich nebeneinander, die Wasser-flaschen auf dem Kopf. Die anderen stellen sich mit etwas Abstand, einem Wassereimer zum Nachfüllen und gefüllten Spritzpistolen vor den Wasser-fängern auf. Vereinbart eine Spieldauer und gebt ein Startkommando. Ist die Zeit abgelaufen, wird geschaut, welches Team in seiner Flasche am meisten Wasser gesammelt hat.

Material

* etwas Pappe
* Bleistift
* Schere
* kleiner Eierkarton
* Acrylfarbe in Rot, Rosa, Schwarz und Weiß
* Pinsel
* 5 Papiertrinkhalme
* Bastelkleber oder Klebepistole
* Schnur, 3 m lang
* runde Wäscheklammer oder kleiner Stock

Krabbenrennen: Stellt euch in einer Reihe nebeneinander auf. Die Schnur ist abgewickelt und die Krabben stehen gleich weit von euch entfernt. Auf ein Startsignal hin wickelt ihr so schnell wie möglich die Schnur auf und lasst so die Krabben zu euch krabbeln. Es gewinnt die Krabbe, deren Schnur zuerst aufgewickelt ist. Also dann: Auf die Krabben, fertig, los!

Flotte Füße!
KRIBBELIGE RENNKRABBE

1 Zeichne auf die Pappe zwei Kreise für die Augen und zwei Scheren. Schneide alles aus.

2 Bemale den Eierkarton und die Scheren in Rosa und Rot. Die Pappkreise für die Augen malst du weiß an und tupfst mit Schwarz die Pupillen auf. Male oben auf den Eierkarton einen Mund. Lass die Farbe trocknen.

3 Schneide vier der Trinkhalme in der Mitte durch. Nimm dir davon 6 Hälften für die Krabbenbeine und knicke sie in der Mitte. Für die Augen schneidest du vom fünften Trinkhalm zwei etwa 5 cm lange Stücke ab.

4 Öffne den getrockneten Eierkarton und klebe seitlich die Beine an. Dann binde ein Ende der Schnur zum Wickeln um die vordere Lasche. Ziehe das andere Ende der Schnur durch das Loch im Deckel und klappe den Karton wieder zu.

5 Bohre mit der Schere vorsichtig zwei Löcher für die Augen. Gib einen Tropfen Kleber an den Rand der Löcher und schiebe die kurzen Trinkhalmstücke für die Augen hinein. Knicke die oberen Enden 1 cm weit nach hinten und klebe die Pappaugen auf.

6 Drücke bei den zwei übrigen Trinkhalmhälften die Enden platt. Klebe die Halme als Arme seitlich an den Rand des Deckels, an die oberen Enden klebst du die Scheren. Zum Schluss knote eine runde Wäscheklammer oder ein Stöckchen an die Schnur.

TIPP

Die beiden hungrigen Popcornmonster
bringen jede Menge Spaß und Action
auf monsterstarke Geburtstagspartys!

Fütter mich!
HUNGRIGE MONSTER

1 Male einen Schuhkarton außen orange und innen lila an. Beim zweiten Karton machst du es genau umgekehrt. Lass die Farbe gut trocknen.

3 Für die Augen brauchst du noch zwei weiße Moosgummi-Kreise. Die Pupillen malst du mit schwarzer Farbe auf. Jetzt schneide für jedes Monster ein paar lustige Zähne und eine rosa Zunge aus.

2 In der Zwischenzeit kopiere die Bastelvorlage für Monsterarme und -augen von Seite 138 und schneide sie aus. Lege sie auf das orange- und das lilafarbene Moosgummi und fahre mit dem Bleistift die Umrisse nach. Du brauchst für jedes Monster zwei Augen und zwei Arme. Schneide alles aus.

4 Ist die Farbe getrocknet, klebst du alle Teile an die Schuhkartons: die Arme an die Seiten, die Augen an den Deckel, Zunge und Zähne ins Monstermaul. Zum Schluss klebe noch zwei Knöpfe als Nasenlöcher an.

Material

Für 2 Monster
* 2 Schuhkartons
* Acrylfarbe in Orange, Lila und Schwarz
* Pinsel
* Bastelvorlage hungrige Monster von Seite 138
* Schere
* Moosgummi in Lila, Orange, Rosa und Weiß
* Bleistift
* Bastelkleber oder Klebestift
* je 2 kleine Knöpfe in Pink und Grün
* 4 Pappbecher
* 4 Stücke Gummilitze, je 30 cm lang
* Eimer voller Popcorn

5 Jetzt fehlen noch die Popcorn-Transportbecher. Durchbohre dafür mit der Schere die Pappbecher oberhalb des Bodens an zwei gegenüberliegenden Punkten. Ziehe ein Stück Gummilitze hindurch und verknote die Enden.

Popcorn-Wettrennen: Bildet zwei Teams. Markiert eine Startlinie und stellt das Popcorn dahinter. Die Popcornmonster stellt ihr in ein paar Meter Entfernung nebeneinander auf. Die ersten zwei Läufer ziehen sich die Becher über die Füße und warten an der Startlinie. Auf ein Startsignal füllt ihr eure Becher und rennt zu euren Monstern, um sie zu füttern. Nicht die Hände benutzen! Dann schnell zurück zum Start. Dort werden die Becher weitergegeben und erneut gefüllt. Spielt, bis der Popcorn-Eimer leer ist. Gewonnen hat das Team mit dem volleren Monster.

54

56

58

60

62

64

66

WEITER
Hin und weg!

68

70

72

UFO-Alarm!
PAPPTELLER-FRISBEE

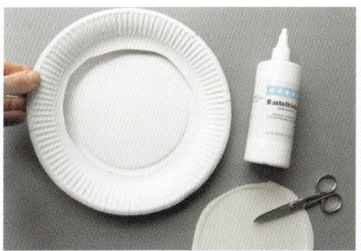

❶ Schneide aus einem der Pappteller den Boden heraus, du brauchst nur den geriffelten Rand. Bestreiche nun die Unterseite des Randes mit Bastelkleber und klebe ihn als Verstärkung auf den Rand des anderen Tellers.

❸ Falte immer abwechselnd eine Spitze nach oben und dann eine nach unten um. Beklebe den Rand und die Zacken mit bunten Streifen und Quadraten aus Washi-Tape. Wenn das UFO fliegt, wirbeln die Farben durcheinander, das sieht außerirdisch gut aus. Probiere es gleich mal aus und wirf dein Frisbee in die Luft!

❷ Drehe den Teller um. Zeichne auf den inneren Kreis des Tellerbodens mit Bleistift und Lineal 12 gleich große Teile, wie bei einem Kuchen. Bitte jemanden, dir beim Schneiden mit dem Cutter zu helfen. Schneide die Bleistiftlinien vom Kreis zur Mitte möglichst gerade ein, sodass 12 Zacken entstehen. Wenn du lieber alleine arbeiten möchtest, kannst du auch eine spitze Schere dafür nehmen.

Material

* 2 Pappteller
* Cutter oder spitze Schere
* Bastelkleber
* Bleistift
* Lineal
* Washi-Tape

Material

- 2 Rundhölzer, ø 8 mm, 50 cm lang
- Acrylfarbe in Schwarz
- Pinsel
- Moosgummi in Bunt, DIN A4
- Schere
- Cutter
- Bastelvorlage Pfeil und Flitzebogen von Seite 140
- Bleistift
- 4 Pompons
- Bastelkleber
- Säge
- farbiges Klebeband
- graues PVC-Rohr, 2 cm ø, 1 m lang
- 2 kleine Holzperlen
- 2 Stücke Maurerschnur, 120 und 80 cm lang
- Zollstock

Bogenschießen: Zum Schießen hältst du den Bogengriff mit einer Hand und das Pfeilende zwischen Daumen und Zeigefinger der anderen Hand. Lass den vorderen Teil des Pfeils auf dem Griff aufliegen. Strecke den Bogenarm nach vorn. Hake die Sehne in der Kerbe des Pfeils ein. Jetzt ziehe den Pfeil nach hinten und spanne die Sehne. Ziehe Daumen und Zeigefinger zügig nach hinten weg – und los flitzt der Pfeil!

TIPP

Zum Bogenschießen brauchst du viel Platz. Nimm Pfeile und Bogen mit nach draußen – und ziele niemals auf Menschen oder Tiere!

Bogenschießen mit Fingerspitzengefühl!
PFEIL UND FLITZEBOGEN

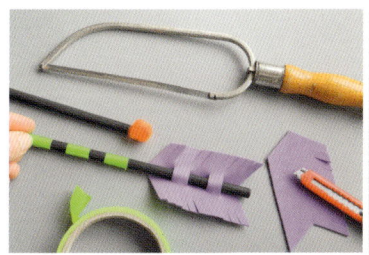

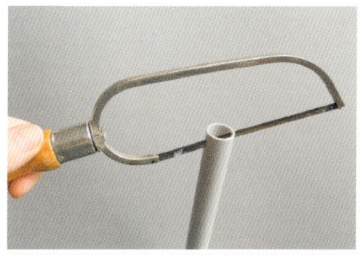

1 Beginne mit den Pfeilen. Male die beiden Rundhölzer schwarz an und lass die Farbe trocknen. Schneide vom Moosgummi längs einen 10 cm breiten Streifen ab und lege ihn für den Bogen zur Seite. Dann kopiere die Bastelvorlage von Seite 140 und schneide sie aus. Übertrage den Umriss und die Markierungen zweimal auf das Moosgummi und schneide alles aus.

2 Klebe je einen Pompon als Pfeilspitze auf die schwarzen Rundhölzer. Schneide mit dem Cutter die Markierungen in der Mitte der Moosgummiteile ein und mit der Schere die geraden Kanten fransig. Fädle die Teile auf die Pfeilenden. Ritze mit der Säge eine Rille für die Bogensehne in das Pfeilende. Verziere die Pfeile mit Klebebandstreifen.

3 Säge die Schlitze für die Bogensehne in die Rohrenden. Sie sollten 1 cm tief sein und sich gegenüberliegen. Am besten sägst du beide Schlitze an einem Ende gleichzeitig.

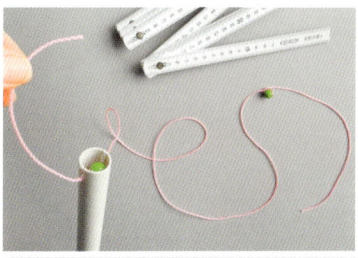

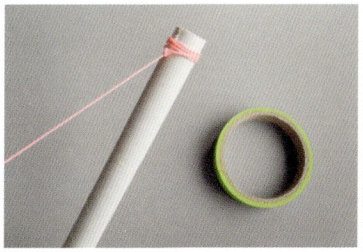

4 Fädle eine Holzperle etwa 15 cm weit auf das lange Stück Schnur und knote sie fest. Ziehe die Schnur an einem Rohrende mit der Perle nach innen in die Schlitze ein. Miss 80 cm Schnur ab und knote dort die andere Perle fest.

5 Bitte einen Erwachsenen, das Rohr vorsichtig zum Bogen zu biegen, während du die Schnur mit der anderen Holzperle am anderen Rohrende einhängst. (Das Rohr lässt sich besser biegen, wenn es etwas erwärmt ist, also lege es vorher kurz in die Sonne oder auf die Heizung. Wickle die überstehenden Enden der Schnur um den Bogen und knote sie fest.

6 Umwickle den Bogen spiralförmig mit Klebeband und wickle den vorbereiteten Moosgummistreifen als Griff um die Mitte des Bogens. Zum Befestigen mit der kurzen Schnur umwickeln und die Enden der Schnur gut festknoten. Stecke in jedes Rohrende einen Pompon.

Ab in die Kiste!
KAKTUS-RINGWURF

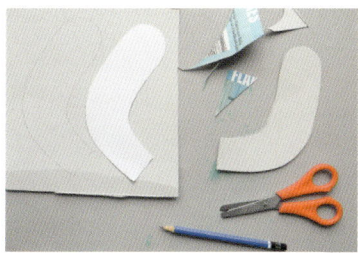

1 Kopiere die Bastelvorlage für den Kaktusarm von Seite 140 und schneide sie aus. Lege sie auf die Pappe, zeichne sie nach und schneide sie aus. Du brauchst 3 Arme.

2 Male die Papparme und die Plastikflasche grün an. Male der Flasche ein Gesicht und hellgrüne Striche als Stacheln. Die Arme bekommen hellgrüne Streifen. Stecke die Flasche zum Trocknen auf einen Holzstab.

Material

* Bastelvorlage Kaktus von Seite 140
* Schere
* dünne Pappe (Müslikarton)
* Bleistift
* Plastikflasche, 1 o. 1,5 l
* Acrylfarbe in Grün, Hellgrün, Blau und Rot
* Pinsel
* Holzstab zum Aufstellen
* Cutter
* je 1 Pfeifenputzer in Pink und Orange für die Blume
* Klebepistole
* je 5 Pfeifenputzer in Weiß und Bunt für die Ringe

3 Markiere rund um die Flasche 3 senkrechte Schlitze für die Arme. Schneide die Markierungen vorsichtig mit dem Cutter ein und stecke die Arme in die Schlitze.

4 Biege aus dem pinkfarbenen Pfeifenputzer eine Blüte. Wickle den orangen Pfeifenputzer zu einer Kugel und klebe sie in die Blüte. Klebe die Blüte seitlich oben an den Kaktus.

5 Für die Wurfringe verdrehe immer einen weißen mit einem farbigen Pfeifenputzer. Biege daraus einen Ring und verdrehe die Enden miteinander. Eine sportliche Bastelleistung! Und jetzt auf zum Ringwerfen!

Kaktus-Ringwerfen: Zuerst wird der Holzstab in den Sand oder Rasen gepikst und der Kaktus darübergestülpt. Markiert euch eine Startlinie und werft abwechselnd die fünf Ringe. Wer schafft es, sie auf die Arme oder die Blüte zu werfen? Bei Regenwetter kann man den Kaktus auch drinnen in einen Blumentopf stellen.

Achtung, Drehwurm!
DIE WIRBELNDE ZIELSCHEIBE

1 Lege die Schüssel auf das dicke Moosgummi, zeichne sie nach und schneide den Kreis aus. Pro Zielscheibe brauchst du zwei Kreise.

3 Klebe deine Motive vorne auf die Kreise. Danach klebst du auf der Rückseite zwei Eisstiele parallel an beiden Kreisen fest.

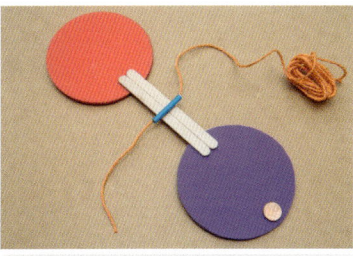

5 Ziehe das Garn durch den Trinkhalm. Hast du mehrere Ziele gebastelt, kannst du sie mit etwas Abstand nebeneinander auffädeln. Die Enden des Bandes kannst du an zwei Bäumen oder Stühlen festknoten.

2 Überlege dir, wie du deine Kreise verzieren möchtest. Genial einfach ist es, eine Ausstechform in das dünne Moosgummi zu drücken und den Abdruck auszuschneiden. Aber du kannst dir auch eigene Formen und Figuren ausdenken!

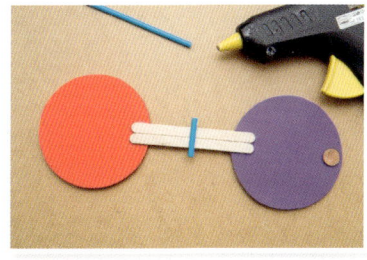

4 Klebe ein etwa 3 cm langes Stück Trinkhalm mittig quer über die Eisstiele. Damit das Ziel später senkrecht hängt, klebst du auf den unteren Kreis noch eine Cent-Münze als Gewicht.

Material

Für 1 Drehziel

* Schüssel von ca. 10 cm ø als Schablone
* Moosgummi, 3 mm dick, 2 Stücke von 12 x 12 cm
* Bleistift
* Schere
* Ausstechformen
* Moosgummireste in Bunt, 2 mm dick
* Klebepistole oder Holzleim
* 2 Eisstiele
* Plastiktrinkhalm
* 1-Cent-Münze
* Garn, mehrere Meter

Schnapp dir deine Wasserpistole und versuche, das Ziel so zu treffen, dass es wild herumwirbelt!

TIPP
Damit die Tipis von den Murmeln nicht
verschoben werden, lege einen flachen
Kieselstein hinein oder klebe die Tipis mit
Washi-Tape am Boden fest.

Für fingerfertige Indianer!
MURMEL-TIPI

1 Lege den Teller auf den weißen Tonkarton und fahre mit dem Bleistift den Umriss nach. Dann schneide den Kreis aus. Pro Kreis erhältst du 2 Tipis. Baue dir so viele, wie du magst.

3 Für die Öffnung des Tipis schneide jeden Kegel von der Unterkante aus 5 cm ein und falte die Kanten nach außen.

2 Falte den Kreis einmal in der Mitte und schneide ihn am Knick entlang in zwei Hälften. Lege die „Ecken" eines Halbkreises übereinander. Lass die Spitze nach oben zeigen und schiebe die kurzen offenen Seiten übereinander, sodass ein Kegel entsteht. Tacker die überlappende Kante mit dem Tacker fest.

4 Male mit Neon-Markern oder Filzstiften tolle Indianer-Muster auf die Tipis: Zacken, Streifen, Punkte und was dir sonst noch so einfällt. Zum Schluss klebe oben an die Tipis noch eine kleine Feder.

Material

* Tonkarton in Weiß, DIN A3
* Teller, ca. 25 cm ø als Schablone
* Bleistift
* Schere
* Tacker
* bunte Neon-Marker oder Filzstifte
* pro Tipi 1 farbige Feder
* Bastelkleber
* Washi-Tape
* pro Tipi 1–2 flache Kiesel
* Murmeln

Tipi-Golf: Markiert euch mit Washi-Tape eine Startlinie. Stellt die Tipis in verschiedenen Abständen zur Linie auf. Abwechselnd bekommt jeder Spieler 10 Murmeln und versucht, sie in die Tipis zu schießen. Wer die meisten Treffer hat, wird Indianerhäuptling! Howgh!

TIPP

Das Katapult funktioniert am besten mit
sehr leichter Munition: Pompons, Erd-
nüssen, Marshmallows, Korken oder Kugeln
aus Papier. Aber dabei nie auf Menschen,
Tiere oder Gegenstände zielen!

Für Fliegengewichte!
WÄSCHEKLAMMER-KATAPULT

1 Male die Frischkäseschale von außen weiß an und lass die Farbe trocknen.

2 Beklebe den Eisstiel und die weiß grundierte Schale mit buntem Washi-Tape.

Material

* Frischkäseschale
* Acrylfarbe in Weiß
* Pinsel
* großer Eisstiel, 15 cm lang
* Washi-Tape
* Klebepistole
* Wäscheklammer
* Plastikdeckel
* leichte Munition

3 Suche dir einen Erwachsenen, der dir mit der Klebepistole behilflich sein kann. Klebe zuerst die Wäscheklammer längs auf die Schale, dann den Eisstiel auf die Klammer und zuletzt den Plastikdeckel auf den Eisstiel. Warte einen kleinen Moment, bis der Kleber fest wird.

Dann geht's los: Lege einen Pompon oder ähnliche Munition in den Plastikdeckel. Mit einer Hand hältst du das Katapult fest, mit dem Zeigefinger der anderen Hand drückst du den Eisstiel hinunter. Dann ziehe den Finger nach hinten weg und huiiii – fliegt der Pompon durch die Luft.

Wirf deinen Kometen in die Luft.
Siehst du, wie er in der Sonne funkelt und
wie schön der Schweif leuchtet?

TIPP
Wurfkometen sind ein tolles Recyclingprojekt!
Sammelt bunte Geschenkbänder, Orangennetze,
Schokoladenfolien, Überraschungsei-Kapseln und
etwas Zeitungspapier. Schon kann es losgehen.

Wuuuuusch!
LEUCHTENDE WURFKOMETEN

1 Damit dein Wurfkomet später gut in der Luft liegt, fülle zuerst die Überraschungsei-Kapsel mit Reis.

3 Wickle die Kugel in Alufolie und lege sie auf ein Stück Orangennetz. Fasse die Ecken zusammen und verdrehe sie, bis das Netz eng anliegt. Binde einen Wollfaden darum.

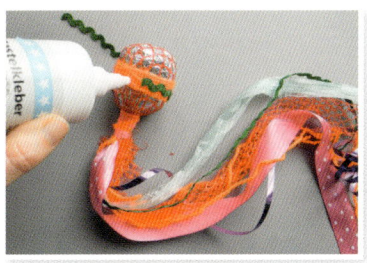

2 Reiße Zeitungspapier in Streifen und wickle sie um die Kapsel, bis sie die Größe und Form einer kleinen Kiwi hat. Umwickle das Papier mit einigen Streifen Klebeband, damit es gut an der Kapsel anliegt.

4 Für den Schweif schneide unterschiedlich lange Bänder aus verschiedenen Materialien zu: Wolle, glänzende Geschenkbänder, flatternde Plastiktüten, Zackenlitze …

5 Binde die Bänder zu einem bunten Schweif und lege ihn an den Orangennetz-Zipfel des Kometen. Umwickle beides fest mit einem Wollfaden und verknote die Enden miteinander. Wickle dem Kometen noch einen leuchtenden Gürtel aus Wolle und klebe Zackenlitze drum herum.

Material

* Überraschungsei-Kapsel
* Reis zum Füllen
* Zeitungspapier
* Klebeband
* Alufolie
* Orangen- oder Zitronennetz
* Wollreste
* Schere
* Bastelkleber
* für den Schweif und zum Verzieren: Geschenkbänder, Streifen von Plastiktüten, Zackenlitze …

TIPP
Du kannst die Armbrust auch drinnen benutzen. Aber niemals auf Menschen, Tiere oder zerbrechliche Gegenstände schießen!

Zischt ganz schön ab!
BUNTSTIFT-ARMBRUST

1 Lege zwei Buntstifte quer übereinander, sodass eine Spitze nach rechts und die andere nach links zeigt. Umwickle sie auf beiden Seiten mit Washi-Tape. Dann klebe die beiden anderen Buntstifte unterhalb der Spitzen zusammen. Lege sie senkrecht über die quer liegenden Stifte.

3 Schneide ein 9 cm langes Stück vom Plastiktrinkhalm ab. Befestige es mit Washi-Tape oben auf der Vorderseite der senkrechten Stifte.

2 Verbinde die gekreuzten Stifte mit einem Gummiring. Wickle auch einen Gummiring um die Mitte des oberen Stiftpaars.

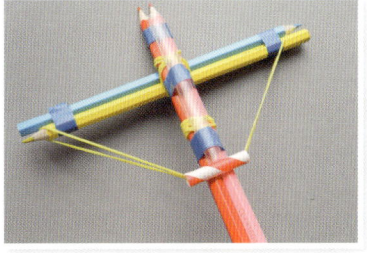

4 Schneide 2,5 cm von einem Papiertrinkhalm ab. Fädle den letzten Gummiring hindurch und hake ihn außen an den quer liegenden Stiften ein. Schiebe das Trinkhalmstück in die Mitte und klemme es hinter den Plastiktrinkhalm.

5 Bastle aus dem gekürzten Papiertrinkhalm und den beiden übrigen Halmen die Pfeile: Schneide aus Moosgummi für jeden Pfeil zwei gleiche Dreiecke als Pfeilspitze zu. Drücke die Halme an einem Ende platt und klebe sie je auf ein Dreieck. Klebe die anderen Dreiecke darüber.

Material

* 4 Buntstifte
* Washi-Tape
* Bastelkleber
* 3 Gummiringe
* Lineal
* 1 Plastiktrinkhalm, 8 mm ø
* Schere
* 3 Papiertrinkhalme
* Moosgummireste

So geht´s: Zum Einlegen des Pfeils hakst du das Trinkhalmstück mit dem Gummiband aus und legst es quer über die Armbrust. Schiebe einen Pfeil in den Trinkhalm auf der Armbrust, bis er hinten 1 cm weit herausragt. Halte die Armbrust unterhalb der Kreuzung mit einer Hand fest. Mit Daumen und Zeigefinger der anderen Hand ziehst du das kleine Trinkhalmstück mit dem Gummi hinter den Pfeil und lässt los – zisch!

TIPP

Am besten hüpfen die Knöpfe auf einem weichen Untergrund wie dem Teppichboden, einer Picknickdecke oder einem Tisch mit Tischdecke.

Material

* Eierkarton
* Acrylfarbe in Dunkelblau
* Pinsel
* Glitter
* Bastelvorlage Piratenschatz von Seite 139
* Schere und Nagelschere
* Bleistift
* Moosgummi in Blau
* Blatt Papier zum Unterlegen
* Bastelkleber
* bunte Schmucksteine
* Sticknadel
* etwas Baumwollgarn
* kleine bunte Perlen und Band zum Auffädeln, alternativ ein Perlenarmband
* 10 gleichfarbige Knöpfe pro Spieler: 1 großer und 9 kleinere

Piraten Ahoi!
KNIFFELIGES KNÖPFCHENSPIEL

1 Male den Eierkarton dunkelblau an. Streue innen etwas Glitter in die noch nasse Farbe und lass den Karton eine Weile trocknen.

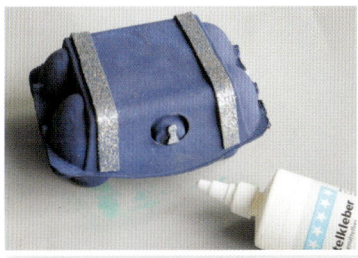

4 Klebe den Totenkopf, die Knochen und einige Schmucksteine in den Eierkartondeckel. Klappe den Karton zu und klebe über den Deckel die glitzernden Moosgummistreifen. Auf den Verschluss klebe das kleine Schlüsselloch.

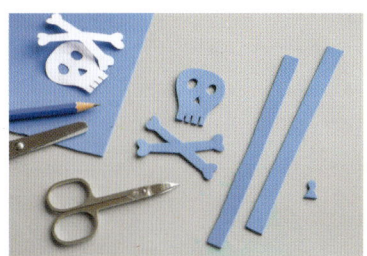

2 Kopiere die Bastelvorlage von Seite 139 und schneide sie mit der Nagelschere aus. Übertrage die Umrisse mit Bleistift auf das Moosgummi und schneide Kopf und Knochen aus. Schneide zusätzlich zwei 1 cm breite und 15 cm lange Streifen und ein kleines Schlüsselloch aus Moosgummi zu.

5 Damit der Deckel offen stehen bleibt, ziehst du an einer Seite mit der Sticknadel einen Baumwollfaden durch beide Kartonteile. Mache in jedes Fadenende einen Knoten.

3 Lege die die Moosgummiteile auf ein Blatt Papier. Bestreiche sie mit Bastelkleber und streue großzügig Glitter darüber. Ist der Leim getrocknet, nimm die Moosgummiteile vom Papier, falte es in der Mitte und fülle den Glitter zurück in den Behälter.

6 Fädle eine kleine bunte Perlenkette und lege sie vorne in den Karton. Sie dient als Schmuck und Gegengewicht zum Deckel. Dann suche dir die bunten Knöpfe zusammen.

Knöpfchen-Hüpfspiel: Stellt die geöffnete Schatzkiste in die Mitte. Jeder Pirat legt 9 kleine Knöpfe in einer Reihe vor sich hin. Versucht nun abwechselnd, mit dem größeren Knopf einen kleinen in die Schatzkiste zu schnippen. Ihr dürft die Schatzkiste vor dem Schnippen in eure Richtung drehen. Hüpft ein Knopf in die Kiste, ist der Pirat noch einmal dran. Gewonnen hat der Pirat, der zuerst alle Knöpfe in der Kiste hat.

TIPP

Zum Speerwerfen brauchst du viel Platz.
Wirf ihn nur draußen, zum Beispiel
auf einer Wiese. Dabei aber niemals
auf Menschen oder Tiere zielen!

Weltrekord im Weitwurf!
SAUSENDER WURFSPEER

1 Schneide aus dem Haushalts- schwamm ein spitzes Dreieck für die Pfeilspitze zu. In die Unterseite ritzt du mit dem Cutter vorsichtig einen Schlitz für den Holzstab.

2 Flache ein Ende des Stabs mit dem Schnitzmesser oder einer Holz- feile etwas ab.

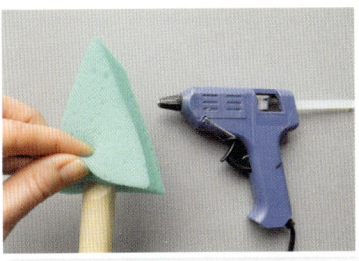

3 Gib einen Klecks Heißkleber auf die abgeflachte Spitze und stülpe die Pfeilspitze darüber.

4 Schneide von einem Haushalts- tuch einen 15 cm breiten Streifen ab. Wickle ihn als Griff längs um die Mitte des Speers und umwickle die Mitte mit einem Stück Schwamm- tuch. Nimm einen Pfeifenputzer und wickle ihn um die Tücher.

5 Schneide vom anderen Haushalts- tuch ein 20 cm breites Stück ab und schneide es an einer langen Kante fransig ein. Wickle es um das Speer- ende und befestige es mit Pfeifen- putzern. Schneide einen weiteren Streifen ab und wickle ihn unter- halb der Pfeilspitze um den Stab. Befestige auch diesen Streifen mit einem Stück Pfeifenputzer.

Material

* Haushaltsschwamm
* Schere
* Cutter
* Rundholz, 2 cm ø, 120 cm lang
* Schnitzmesser oder Holzfeile
* Klebepistole
* 2 bunte Wischtücher
* Lineal
* Schwammtuch
* 3 bunte Pfeifenputzer

Speerwerfen: Um den Speer weit zu schleudern, brauchst du nicht nur Kraft, sondern auch Fingerspitzengefühl! Halte ihn zwischen Daumen und Zeiger- finger und stütze ihn von unten mit dem Mittelfinger ab. Die Speerspitze sollte leicht nach oben zeigen. Dann wirf ihn mit Schwung.

76

78

80

82

84

86

87

LAUTER
Knall, peng, bum!

90

88

92

Klingeling!
ZIPFELMÜTZEN-XYLOFON

1 Klebe den Flaschen lustige Gesichter aus Wackelaugen, Pompons und Washi-Tape. Verziere die Flaschenhälse mit bunten Streifen.

2 Klebe für den Schlägel die Holzperle auf den Papiertrinkhalm.

Material

* 5 Glasflaschen
* Bastelkleber oder Klebepistole
* 10 Wackelaugen
* 5 kleine Pompons
* buntes Washi-Tape
* 1 Holzperle, 1 cm ø
* 1 Papiertrinkhalm
* 5 Gläser
* Wasser
* Wasserfarben
* Pinsel
* Trichter
* 5 längliche Luftballons

3 Fülle die Gläser mit Wasser. Schnapp dir Wasserfarben und Pinsel und färbe das Wasser in 5 verschiedenen Regenbogenfarben ein.

4 Fülle das Wasser mithilfe des Trichters in die Flaschen. Die erste Flasche ziemlich voll, die nächste etwas weniger und immer so weiter. Achte darauf, dass die Abstände gleich sind.

5 Probiere, ob die Töne gut klingen. Sonst fülle noch Wasser nach oder gieße etwas aus der Flasche hinaus, bis die Tonreihe gut klingt. Dann stülpe über jede Flaschenöffnung einen Luftballon. Sollte also mal eine Flasche bis zum Umfallen gespielt werden, kann sie nicht auslaufen.

Trommelalarm!
BLUMENTOPF-DJEMBE

1 Rühre wie auf der Packung angegeben eine kleine Schüssel mit dickflüssigem Kleister an.

3 Bestreiche ein Backpapier mit Kleister und klebe es über die Öffnung des Topfes. Drücke das Papier am Rand gut an. Bestreiche das nächste Papier mit Kleister und mache so weiter, bis alle Kreise verbraucht sind.

5 Beklebe den Backpapierrand an einigen Stellen mit doppelseitigem Klebeband. Dann wickle leuchtende Wolle um die Trommel.

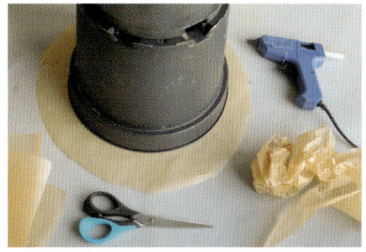

2 Klebe die Unterseiten der Pflanztöpfe mit der Klebepistole aufeinander. Für die Trommeldecke schneide aus Backpapier 8 Kreise aus, die größer sind als die Öffnung des oberen Pflanztopfes. Lege dafür einfach den Topf mit der Öffnung auf das Backpapier und schneide mit 4–5 cm Abstand drum herum.

4 Wenn die Trommel getrocknet ist, kannst du sie mit Acrylfarben bemalen.

Material

* Kleister
* kleine Rührschüssel
* Schneebesen
* 2 größere Pflanztöpfe aus Plastik
* Klebepistole
* 8 Bögen Backpapier
* Schere
* Acrylfarben
* Pinsel
* doppelseitiges Klebeband
* Wolle
* Gummilitze
* Holzperlen
* einige Federn

6 Miss ein Stück Gummilitze ab, sodass es um den Trommelrand passt. Fädle bunte Holzperlen darauf und verknote die Enden der Litze. Lege die Perlenkette um den Trommelrand. Binde einige Federn an Wollfäden und fädle ein oder zwei Perlen auf. Binde den Federschmuck an die Perlenkette – fertig ist deine Djembe!

Für genial verrückte Partys!
FRECHE PARTYTRÖTE

1 Falte aus dem Papierquadrat ein Schnipp-Schnapp (auch Himmel und Hölle genannt): Zuerst falte das Quadrat waagerecht zur Hälfte. Öffne es wieder und falte es dann senkrecht. Danach faltest du es in beide Richtungen diagonal. Nun falte die Ecken zur Mitte, sodass ein kleines Quadrat entsteht. Drehe es um und falte wieder die Ecken zur Mitte. Greife mit Daumen und Zeigefingern in die vier Taschen auf der Unterseite. Öffne und schließe das Schnipp-Schnapp ein paar Mal.

2 Jetzt wird aus dem Schnipp-Schnapp der Trötenkopf: Klebe zwei der Zacken zusammen. Lege dabei etwas Lametta oder gekräuseltes Geschenkband als Haare dazwischen. Dann klebe die beiden anderen Zacken zusammen. Lege dabei den Pfeifenputzer als Zunge dazwischen. Biege die Zunge etwas zurecht. Schneide spitze Ohren aus Filz aus und klebe sie an, ebenso die Wackelaugen.

Material

* buntes Papier, 15 x 15 cm
* Bastelkleber
* Lametta oder Geschenkband für die Haare
* 1 Stück Pfeifenputzer, etwa 12 cm lang
* etwas Filz für die Ohren
* Schere
* 2 Wackelaugen
* 1 Plastiktrinkhalm
* Lineal

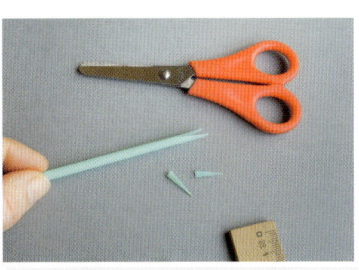

3 Vom Trinkhalm brauchst du ein 12 cm langes, gerades Stück. Schneide ein Ende spitz zu. Tröte mal: Nimm das spitze Ende in den Mund, umschließe es fest mit den Lippen und puste kräftig hinein. Wenn die Spitze im Mund vibriert, entsteht ein lauter Tröt-Ton!

4 Bohre mit der Schere vorsichtig ein Loch in die Mitte des Papiermauls. Schiebe das glatte Ende des Trinkhalms von hinten etwa 1 cm weit durch das Loch. Dann fixiere den Trinkhalm vorne im Maul mit einem Tropfen Kleber. Tröööööt – und ab geht die Party!

Zupf, peng, bum!
FETZIGER LUFTBALLON-BASS

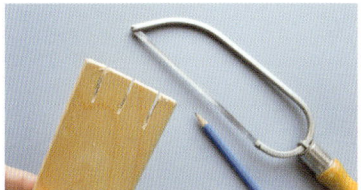 

1 Säge in jedes Ende der Latte drei etwa 2 cm lange Schlitze für die Saiten. Zeichne sie am besten vorher mit dem Bleistift an. Beim Sägen kann dir bestimmt ein Erwachsener helfen.

2 Mache für die drei Saiten deines Basses in alle Enden der Gummi-litzen einen Knoten. Spanne die Lit-ze über die Holzlatte, indem du die verknoteten Enden auf der Rückseite der Latte in die Schlitze ziehst.

Material

* Säge
* Holzlatte, ca. 6 x 80 cm (z. B. Lattenrost)
* Bleistift
* 3 Stücke Gummilitze, je 60 cm lang
* 4 Kronkorken
* bunter Nagellack
* Glitter
* 2 Wäscheklammern
* Klebepistole
* 1 Pappbecher
* silbernes Geschenkband, ca. 110 cm lang
* Luftballon

3 Bemale die Kronkorken innen mit Nagellack und streue sofort etwas Glitter darüber. Lass sie kurz trocknen.

4 Zerlege die beiden Wäscheklam-mern, du brauchst nur die Holzteile. Klebe den Pappbecher als Kopf an die Bassgitarre. Nun klebe seitlich die Holzteile der Wäscheklammern an und darauf die glitzernden Kronkorken.

 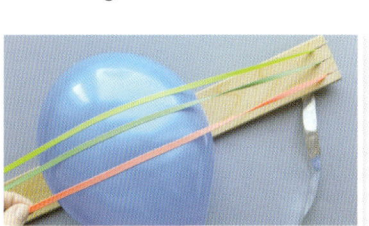

5 Damit du dir den Bass auch um-hängen kannst, brauchst du einen Gurt: Klebe das silberne Geschenk-band mit der Klebepistole von hinten an die Holzlatte. Probiere mal, ob die Länge passt, sonst kürzt du das Band noch ein wenig.

6 Puste den Luftballon auf und klemme ihn zwischen Holzlatte und Gummisaiten fest. Los geht's!

Zupfe die Saiten und lass sie auf den Ballon schnappen – das weckt deine Eltern garantiert aus dem Tiefschlaf! Oder suche dir noch ein paar Musiker für eine Band – mit deinem Bass bist du der Star!

TIPP

Damit die Schuhe richtig gut am Fuß halten, nimm ruhig mehrere Schnürsenkel und Gummiringe – je mehr, desto besser der Halt!

Klack, klack, klackerdiklack!
LOCKER-LÄSSIGE STEPPTANZSCHUHE

1 Stelle einen deiner Schuhe auf die Pappe, zeichne den Umriss nach und schneide ihn aus. Nun hast du eine Vorlage, mit der du weitere Formen abzeichnen kannst. Du benötigst für ein Paar Steppschuhe vier Pappschuhe, zwei für rechts und zwei für links.

2 Beklebe einen linken und einen rechten Schuh von unten mit Geschenkpapier. Schneide das Papier zurecht und lass den Leim trocknen. Klebe je 5 Kronkorken auf das Geschenkpapier. Dazu entweder die Kronkorken mit Leim füllen und aufdrücken oder die Klebepistole verwenden. Gut trocknen lassen.

Material

Für 1 Paar Steppschuhe
* Schuh als Schablone
* Pappe
* Bleistift
* Schere
* Bastelkleber
* Geschenkpapier
* Kronkorken
* Klebepistole
* Gummiringe
* Schnürsenkel oder festes, breites Garn

3 Ziehe einige Gummiringe über die Spitzen der beiden anderen Schuhformen. Nimm dann die Pappfüße mit den Kronkorken, drehe sie um und lege oberhalb der Ferse je einen Schnürsenkel darüber. Gib ordentlich Leim oder Kleber aus der Klebepistole darauf und drücke die jeweils passende Form mit den Gummiringen darauf. Wenn der Kleber getrocknet ist, kann der Stepptanz beginnen!

Schräge Töne!
GARTENSCHLAUCH-TROMPETE

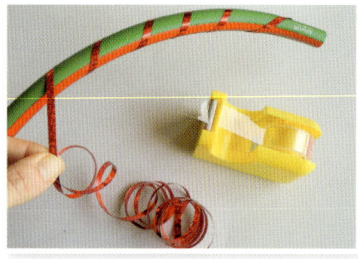

1 Umwickle den Gartenschlauch mit glänzendem Geschenkband. Die Enden kannst du einfach mit Klebefilm befestigen.

2 Lege den Schlauch so, dass in der Mitte zwei Schlingen entstehen. Fixiere die Schlingen an zwei Stellen mit bunten Pfeifenputzern.

3 Stecke den Trichter in ein Schlauchende. Schneide von dem Luftballon den oberen Teil ab. Dann stülpe den Ballon als Mundstück auf das andere Ende des Schlauchs und fertig ist die Trompete! Auf zur Blasmusikkapelle!

Material

* Gartenschlauch, 1,5 m lang
* glänzendes Geschenkband
* Klebefilm
* 6 bunte Pfeifenputzer
* Trichter
* Schere
* länglicher Luftballon

Vorsicht, Blechgesichter!
SCHEPPERNDES DOSENWERFEN

1 Entferne die scharfen Kanten an den Dosenrändern mit dem Dosenöffner oder biege sie etwas nach unten um. Dann drücke eventuell noch vorhandene kleinere Kanten mit der Zange flach, damit du dich an den Dosenrändern nicht verletzt.

2 Klebe den Dosen aus bunten Klebebändern lustige Gesichter.

Material

* 10 leere Konservendosen Dosenöffner und Zange
* bunte Klebebänder
* Schere
* kleiner Ball, z. B. Tennisball

Baue die Dosen zu einer Pyramide auf und bewirf sie mit dem Tennisball, bis die Bude scheppert!

Material

* Holzbrett, ca. 25 x 80 cm
* Bleistift
* Radiergummi
* Konservendose
* Dosenöffner und Zange
* Acrylfarben
* Pinsel
* Klopapierrolle
* Moosgummi in Weiß
* Schere
* Kreppband
* Nägel, 3 cm lang
* Hammer
* Holzleim
* Klebepistole
* Murmeln

Willkommen bei den Krachmachern!
KLIMPER-KLACKER-MURMELBAHN

1 Zeichne auf dem Holzbrett dein Krachmacher-Haus: Oben das Dach und darunter lauter Fenster mit den Hausbewohnern. Überlege vorher kurz, wo der „Start-Schornstein" und die Bahnen für die Murmeln hinkommen und wo die Blechdose stehen soll. Wichtig: Die Bahnen dürfen nicht zu steil sein und sollten außen immer etwas nach oben abgeknickt sein, damit die Murmeln nicht aus der Bahn fliegen. Zeichne die Bahnen mit Bleistift vor.

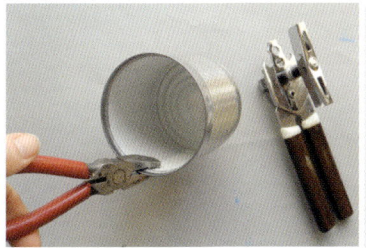

2 Glätte die Kante der Konservendose mit dem Dosenöffner und drücke eventuell noch vorhandene kleinere Kanten mit der Zange flach.

5 Klebe den Schornstein und die Rauchfahne an. Toll gemacht!

3 Male dein Haus, die Blechdose zum Auffangen der Murmeln und die Klopapierrolle für den Schornstein mit Acrylfarben bunt an. Schneide aus dem weißen Moosgummi eine Rauchfahne aus und schreibe „Start" darauf. Dann lass die Farbe trocknen.

4 Damit die Nagelbahn gerade wird, klebe einen Streifen Kreppband an deine Markierungen. Radiere die Bleistiftlinien weg und schlage entlang der oberen Kante des Bandes im Abstand von 1 cm die Nägel ein. Danach entferne das Kreppband. Wenn du magst, bemale die Köpfe der Nägel noch farbig.

Lehne das Haus gegen eine Wand. Stelle die Blechdose als Auffangbehälter unter die Bahn. Suche dir ein paar Murmeln und schicke sie durch den Schornstein. Hörst du, wie sie das ganze Haus zum Klimpern bringen?

Mache dir so viele Rasseln, wie du magst. Knöpfe sie um und rassel los!

Wilde Rasselbande!
PLASTIKDECKEL-RASSELN

1 Falte dein Filzstück längs in der Mitte, sodass du einen zweilagigen Filzstreifen erhältst. Schneide die Enden des Streifens mit der Schere rund.

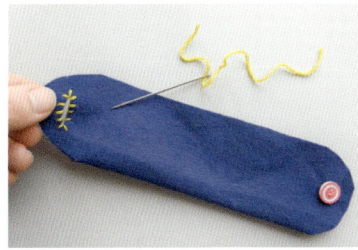

2 Nähe an einem Ende den Knopf an. Schneide in das andere Ende einen kleinen Schlitz als Knopfloch. Probiere, ob der Knopf durchpasst. Dann umnähe die Knopflochkante mit kleinen Stichen.

Material

* Filz:
  pro Armrassel 10 x 19 cm,
  pro Beinrassel 10 x 26 cm
* Schere
* buntes Stickgarn
* Sticknadel
* Knopf
* 12 bunte Plastikdeckel
* Hammer und Nagel
* Holzbrett als Unterlage

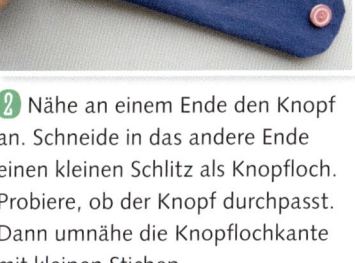

3 Besticke das Filzband mit einem einfachen Muster aus Zacken und Streifen.

4 Um die bunten Plastikdeckel aufzufädeln, musst du sie vorher lochen. Lege dazu die Deckel auf ein Holzbrett und schlage mit Hammer und Nagel ein Loch in die Mitte.

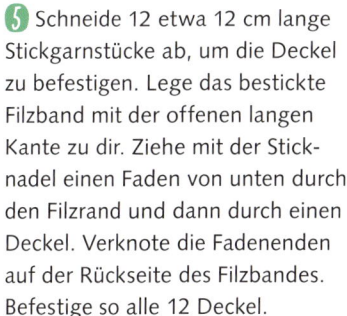

5 Schneide 12 etwa 12 cm lange Stickgarnstücke ab, um die Deckel zu befestigen. Lege das bestickte Filzband mit der offenen langen Kante zu dir. Ziehe mit der Sticknadel einen Faden von unten durch den Filzrand und dann durch einen Deckel. Verknote die Fadenenden auf der Rückseite des Filzbandes. Befestige so alle 12 Deckel.

Schüttle die Perlen von einer
Flasche in die andere, das
macht nicht nur Spaß, sondern
auch ordentlich Krach!

Zum Durchschütteln!
KUNTERBUNTER RASSELSTAB

1 Fülle eine der Flaschen bis zur Hälfte mit Perlen, Kronkorken, Büroklammern, Streusternchen und was du noch so an kleinen Teilen findest.

3 Umwickle die Klopapierrolle kunterbunt mit Wollresten.

5 Klebe an jedes Rasselende eine größere Holzperle und dann auf eine der Perlen die Troddel.

2 Verbinde die beiden Flaschen mit einer Klopapierrolle und Klebeband zu einem Rasselstab.

4 Für die Troddel wickle einen Wollfaden 15- bis 20-mal um drei Finger. Ziehe einen kurzen Faden zum Aufhängen durch die Schlinge und knote den Wollring damit zusammen. Fasse die Wolle unterhalb des Aufhängefadens zusammen und wickle einen andersfarbigen Wollfaden fest darum. Verknote die Enden des Fadens. Zuletzt schneidest du die Wollschlinge unten auf.

Material

* 2 kleine Plastikflaschen mit breiter Öffnung
* Perlen, Kronkorken, Streusternchen, Murmeln, Büroklammern, Glitter etc. zum Füllen
* 1 Klopapierrolle
* Klebeband
* bunte Wollreste
* Schere
* Klebepistole
* 2 größere Holzperlen

96

98

100

102

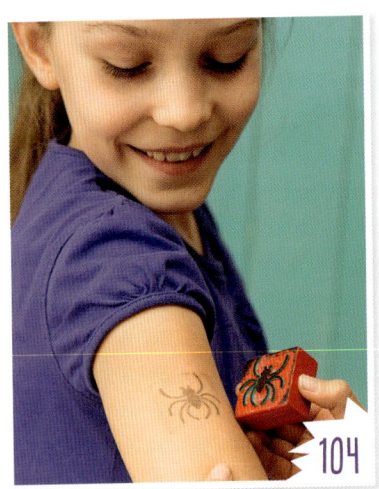

104

106

108

EKLIGER
Wie fies!

110

112

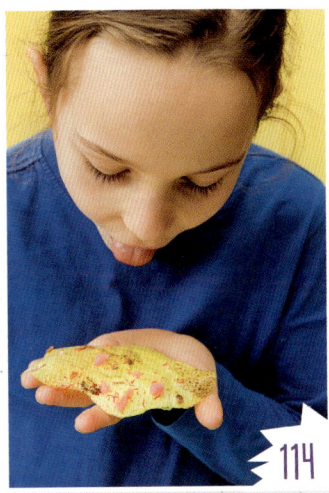

114

Bäääh, wie eklig!
KACKWURST-KEKSE

1 Vermische Mehl, Zucker, Vanille-zucker, Mandeln, Kakao und Salz in der Rührschüssel. Schneide die Butter in Stückchen und gib sie dazu. Füge noch das Ei hinzu und verknete alles zu einem Teig. Knete die gehackte Schokolade unter und rolle den Teig zu einer großen Wurst. Wickle sie in Backpapier ein und lege sie für eine halbe Stunde in den Kühlschrank.

2 Heize den Backofen auf 175° C vor. Belege ein Blech mit Kackpapier, äh, ich meine natürlich Backpapier, und schon kannst du loslegen: Schneide die Teigrolle in Scheiben. Rolle aus den Scheiben Würste und forme daraus die Kackwurst-Kringel. Dann lege sie auf das Backblech.

Material

Für etwa 16 Kekse
* 200 g Mehl
* 100 g Zucker
* 1 Päckchen Vanillezucker
* 100 g gemahlene Mandeln
* 3 EL Back-Kakao
* ¼ TL Salz
* 150 kalte Butter
* 1 Ei
* 100 g Zartbitterschokolade, gehackt
* 1 Eiweiß zum Bestreichen
* Pinsel
* Rührschüssel
* Handmixer
* Messer
* Backpapier

3 Bestreiche die Kringel mit Eiweiß, damit sie schön glänzen, hihi! Schiebe das Blech in den vorgeheizten Back-ofen und backe die Kringel für 15–20 Minuten. Sei am heißen Ofen schön vorsichtig oder lass dir am besten von einem Erwachsenen helfen.

TIPP
Diese Kackwurst-Kekse sind super zum Leute-Erschrecken! Du kannst sie in einer offenen kleinen Plastiktüte oder auf einem Stück Klopapier vor die Haustür legen. Oder biete sie deinen Freunden zum Essen an …

Buuuh!
HILFE, DIE MONSTER SIND LOS!

❶ Schneide aus weißem Moos-gummi die Monsteraugen und spitze Zähne aus. Beklebe die Teile auf der Rückseite mit doppelseitigem Klebeband.

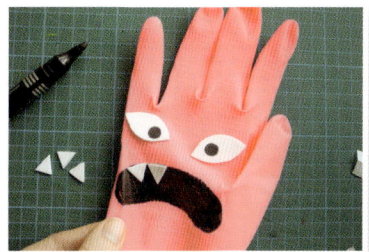

❷ Male mit dem Permanent-Marker die Pupillen auf die weißen Augen und ein dunkles Monstermaul in die Handfläche des Gummihandschuhs. Klebe Augen und Zähne auf das Gesicht.

Material

* Moosgummi in Weiß und in einer Monsterfarbe
* Schere
* doppelseitiges Klebeband
* Permanent-Marker
* Gummihandschuh
* Nagellack

❸ Schneide aus farbigem Moos-gummi fünf monstermäßig lange und spitze Fingernägel zu. Klebe auf die Rückseite der Nägel ein Stück-chen doppelseitiges Klebeband und befestige sie damit an den Monster-fingern.

❹ Tupfe mit Nagellack bunte Monsterflecken auf den Handschuh. Während der Lack trocknet, überle-ge schon mal, wen du gleich mit der Monsterhand erschrecken möchtest … buuuuuuh!

TIPP

Die Kontaktlinsenflüssigkeit sollte gepufferte Lösung, Natriumborat oder Borsäure enthalten. Lies dir also die Liste mit den Inhaltsstoffen durch.

Superfurzi!
SAGENHAFTE SCHLEIMFURZDOSE

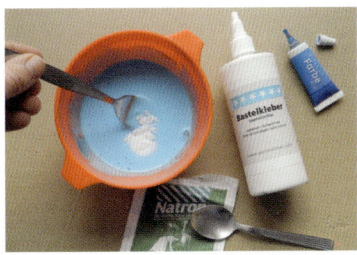

1 Gieße den Kleber in eine Schüssel und gib einen Spritzer Lebensmittelfarbe deiner Wahl dazu. Rühre mit der Gabel um, bis die Farbe gleichmäßig verteilt ist. Rühre noch einen halben Teelöffel Natron hinein.

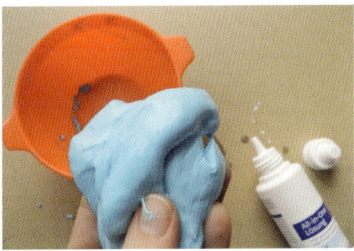

3 Reibe deine Hände mit einigen Tropfen Kontaktlinsenflüssigkeit ein und knete den Schleim mit den Händen gut durch. Dadurch wird er noch griffiger.

Pupskonzert: Und jetzt lass mal hören, was deine Furzdose so kann, und stopfe den Schleim hinein. Dabei entstehen durch die entweichende Luft die schönsten Pupsgeräusche! Suche dir am besten noch ein paar Freunde mit Superfurzi und veranstaltet ein grandioses Pupskonzert!

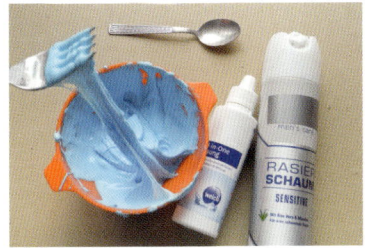

2 Rühre nun den Rasierschaum und dann die Kontaktlinsenflüssigkeit darunter. Jetzt sollte die Masse beginnen, schleimige Fäden zu ziehen. Rühre so lange, bis sich ein großer, schleimiger Klumpen bildet. Eventuell musst du noch etwas mehr Natron oder Kontaktlinsenflüssigkeit hineinrühren, damit die Konsistenz stimmt.

4 Für die Furzdose schneide von einem Luftballon den Hals und den oberen Teil ab. Schneide zwei Löcher für die Augen und eins für den Mund deines Superfurzis in den Ballon. Stülpe ihn über den Joghurtbecher. Male mit dem Permant-Marker Augen und Mund in die Löcher.

Material

* 100 g weißer Bastelkleber
* Rührschüssel
* Lebensmittelfarbe
* Gabel zum Umrühren
* 1–2 TL Natron
* 1–2 TL Rasierschaum
* 1–2 TL Kontaktlinsenflüssigkeit
* Schere
* 2 Luftballons
* durchsichtiger Joghurt- oder Puddingbecher
* Permanent-Marker in Schwarz

5 Schneide vom zweiten Luftballon den Hals ab. Du kannst den Ballon als Deckel über die Furzdose stülpen, wenn du nicht damit spielst. So hast du lange Freude an deinem Pupsschleim.

Stelle das Glas doch mal ins Vorratsregal oder decke am Sonntag den Frühstückstisch damit, das wird ein großartiger Gruselschocker!

TIPP

Das Öl aus dem Fotoglas kann nicht mehr zum Kochen verwendet werden. Du kannst daher zum Basteln auch Öl verwenden, dessen Haltbarkeitsdatum bereits abgelaufen ist.

Kabinett des Grauens!
GRUSELIGE FOTOGLÄSER

1 Beklebe den Deckel des Schraub-glases mit Geschenkpapier: Lege ihn auf die Rückseite des Papiers und zeichne den Umriss mit dem Bleistift nach. Schneide den Kreis ungefähr 1 cm größer aus.

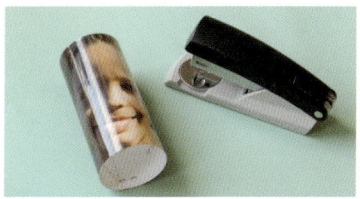

3 Tacker dein Gruselfoto an den schmalen Seiten zu einer Rolle zusammen.

5 Biege das Pfeifenputzerstück zu einer Schlaufe. Verdrehe die Enden miteinander und klebe sie in die Öffnung der Perle. Dann klebe die Perle als Dekoration auf den Deckel. Schüttelst du das Glas, werden Sand und Glitter aufgewirbelt. Das sieht richtig gruselig aus!

2 Bestreiche den Deckel oben und am Rand mit Klarlack. Lege den Papierkreis darauf und drücke ihn gleichmäßig an, bis er überall schön glatt anliegt. Streiche das überste-hende Papier mit Lack ein und klebe es am Innenrand fest. Anschließend lackiere den Deckel über und lass ihn trocknen.

4 Gib den Sand in das Schraubglas und stelle die Fotorolle in den Sand. Lege ein paar Pflanzenteile zwischen Glas und Foto und streue etwas Glitter darüber. Fülle das Glas bis 1 cm unter den Rand mit Sonnen-blumenöl und schraube den Deckel fest zu.

Material

* Schraubglas, mindestens 11 cm hoch
* etwas Geschenkpapier
* Bleistift
* Schere
* Klarlack
* Pinsel
* Tacker
* gruseliges Foto von deinem Gesicht auf Fotopapier, 15 x 10 cm im Querformat
* eine Handvoll heller Sand
* einige Pflanzenteile: Gras-halme, Kräuterzweige …
* Glitter
* Sonnenblumenöl
* Pfeifenputzerstück, 5–6 cm lang
* Klebepistole
* Holzperle, 12 mm ø

Pfui Spinne!
SCHAUDERHAFTE TATTOOS

1 Überlege dir ein einfaches Tattoo-Motiv, zum Beispiel eine Narbe oder eine Spinne. Zeichne das Motiv mit Bleistift auf dein Holzstück.

2 Schneide die größeren Formen für dein Tattoo-Motiv, zum Beispiel den Spinnenkörper, aus dem Einmachgummi zu. Für die kleineren Teile wie die Beine oder die Striche der Narbe schneidest du die Gummiringe zurecht.

3 Streiche die Zeichnung auf dem Holzstück mit dem Klebestift ein. Lege die vorbereiteten Gummistücke darauf und drücke sie leicht an. Dann lass den Kleber trocknen.

4 Probiere den Stempel auf Papier aus. Wenn du zufrieden bist, stemple dir damit ein Tattoo auf den Arm. Cooool!

Material

* Holzstückchen, z. B. Bauklötze
* Bleistift
* einige Gummiringe und 1 Einmachgummi
* Schere
* Klebestift
* Stempelkissen mit hautfreundlicher Farbe auf Wasserbasis
* Papier zum Probestempeln

Los geht's, schocke deine Eltern, Freunde oder Großeltern mit deinem neuen Tattoo!

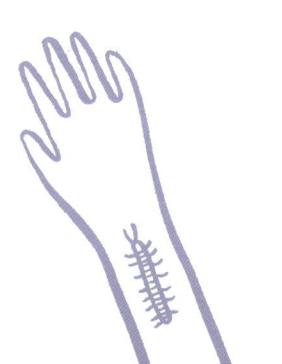

TIPP

Zieht euch zur Eierschlacht Klamotten an,
die dreckig werden dürfen. Zielt mit den
Eiern auf keinen Fall auf Gesichter.

Auf in die Farbschlacht!
GLIBBERIGE FARBEIER

1 Rühre zuerst die Farben an: Gib dafür das Wasser in einen kleinen Kochtopf und rühre mit dem Schneebesen die Speisestärke hinein. Erhitze den Topf und rühre weiter. Wenn die Masse dicklich wird, nimm den Topf vom Herd und lass sie abkühlen.

3 Verschließe bei jedem Ei das Loch auf der Unterseite mit etwas Knete. Ziehe die Spritze mit Farbe auf und spritze die Farbe in ein Ei. Verschließe das Loch auf der Oberseite ebenfalls mit Knete. Das machst du mit allen Eiern.

2 Verteile die Masse auf kleine Schüsseln und färbe sie mit Lebensmittelfarben ein.

4 Male den Eiern mit dem Permanent-Marker lustige Gesichter. Lege sie zum Transportieren in den Eierkarton und verabrede dich mit Freunden zu einer glibberigen Farbenschlacht.

Material

Für 6 Eier
* 3 Tassen Wasser
* Kochtopf
* Schneebesen
* 1 Tasse Speisestärke
* kleine Schüsseln
* Löffel
* Lebensmittelfarben
* 6 ausgeblasene Eier
* etwas Knete
* Spritze
* Permanent-Marker in Schwarz
* Eierkarton

TIPP
Die coolen Überraschungs-Badebomben
sind ein Spitzen-Geschenk für Leute mit
guten Nerven!

Schreck in der Wanne!
TIERISCHE BADEBOMBEN

1 Gib Natron, Zitronensäure, Speisestärke und Badesalz in die Schüssel und vermische alles mit einem Löffel.

2 Für bunte Badebomben teile die Mischung auf drei Schüsseln auf. Gib in jede Schüssel etwas Lebensmittelfarbe deiner Wahl, einen gestrichenen Teelöffel Kokosöl und 1–3 kleine Tropfen Körpercreme. Vermische die Masse nun mit den Händen, indem du sie zwischen den Fingern zerreibst. Sie soll sich wie leicht feuchter Sand anfühlen und gut zusammendrücken lassen, muss aber relativ trocken bleiben.

3 Streue deine Förmchen mit bunten Zuckerstreuseln aus. Löffle eine Schicht von der bunten Masse darüber und drücke sie gut in der Form fest. Gib darüber eine andersfarbige Masse und drücke sie an. Ist die Form halb voll, legst du ein Plastikinsekt hinein und füllst sie dann weiter. Stelle die Formen für eine Stunde ins Gefrierfach.

4 Drücke die Badebomben vorsichtig aus der Form. Verpacke sie möglichst luftdicht, zum Beispiel in einem Schraubglas oder in einem Klarsichtbeutel, da sie sonst mit der Luftfeuchtigkeit reagieren und bröselig werden können.

Material

Für 3 Badebomben:
* 100 g Natron
* 50 g Zitronensäurepulver
* 50 g Speisestärke
* 50 g Totes Meer Badesalz oder Meersalz
* Waage
* einige Schüsseln
* Löffel zum Umrühren
* Lebensmittelfarben aus der Tube oder als Pulver
* 3 TL Kokosöl
* etwas Körpercreme
* bunte Zuckerstreusel
* 3 Plastikinsekten, z. B. Käfer, Fliege und Spinne
* 3 kleine Kunststoff- oder Silikonbehälter als Form

Uaaah! Zombie-Alarm!
GLUPSCHAUGEN-BRILLE

Material

* 2 weiße Tischtennisbälle
* Acrylfarben in Rot, Schwarz, Weiß, Blau und Grün
* Zahnstocher
* Pinsel
* Bastelvorlage Glupschaugen von Seite 139
* Schere
* bunter Bastelkarton
* Bleistift
* Bürotacker
* 2 Pfeifenputzer in Rosa
* farbiges Isolier- oder Gewebeklebeband
* 2 Handbohrer
* 2 kleine Muffinformen in Rosa oder Rot

1 Verwandle die Tischtennisbälle in Augen: Tupfe mit dem Zeigefinger auf jeden Ball einen runden Farbklecks in der gewünschten Augenfarbe. Male mit dem Zahnstocher dünne rote Adern drum herum. Tunke den Pinselstiel in schwarze Farbe und tupfe die Pupille auf. Ist die Farbe getrocknet, malst du mit dem Zahnstocher je zwei weiße Lichtreflexe ins Auge, so sieht es noch lebendiger aus!

2 Während die Farbe trocknet, kopiere die Brillen-Vorlage von Seite 139 und schneide sie aus. Lege sie auf den Bastelkarton und fahre die Umrisse mit dem Bleistift nach. Dann schneide die drei Teile aus.

4 Schiebe die Pfeifenputzer vorn durch die Brille an die Innenseiten der Bügel. Befestige sie dort, indem du jeden Bügel mit zwei Streifen Klebeband umwickelst.

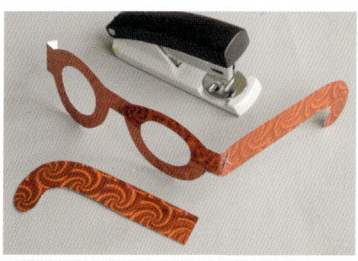

3 Befestige die Bügel an der Brille, indem du die Kanten an den Seiten der Brille nach hinten biegst. Tacker die Bügel daran fest.

5 Kürze die aus der Brille ragenden Enden der Pfeifenputzer etwas und biege sie so, dass sie in zwei Kringeln nach vorn ragen. Bohre mit dem Handbohrer kleine Löcher in die Mitte der Muffinformen und schiebe sie auf die Pfeifenputzer. Bohre in die Rückseite der Augenbälle ein Loch und stecke sie ebenfalls auf. Fertig ist die Brille!

Iiiih, was krabbelt da?
RAUPENALARM IN DER SUPPE

1 Mache ein paar Aufwärm-übungen, bevor du mit dem Konturenstift direkt auf die Schale malst: Zeichne erst mal mit Bleistift ein paar Raupen auf Papier. Danach zeichne mit dem Konturenstift eine Raupe auf das Papier, damit du ein Gefühl für den Stift bekommst.

2 Stelle die saubere Schale vor dich hin. Stelle dir vor, sie ist voller Suppe. Zeichne die erste Raupe so auf den Rand, dass nur der Kopf aus der Suppe ragen würde. Dann zeichne weitere Tiere auf mittlerer Höhe und unten auf den Boden.

Material

* Papier und Bleistift
* Porzellan-Konturenstift in Schwarz, 1 mm
* Porzellanschale, sauber und fettfrei

3 Lass die Farbe nun wie auf dem Stift angegeben einige Stunden trocknen. Danach stellst du sie in den Backofen und brennst die Farbe ein, so wie es auf dem Stift erklärt steht. In der Zwischenzeit kannst du dir schon mal überlegen, wem du eine leckere Gemüsesuppe mit besonderer Einlage servieren möchtest. Hihi, das wird lustig!

TIPP
Bevor du loslegst, frage am besten deine Eltern, welche Schüssel du bemalen darfst.

Äh, was ist das?
FIESER FLECK

1 Vermische den Kleber mit einem Spritzer Lebensmittelfarbe. Gib einen Klecks Rasierschaum hinein und verrühre die Masse, bis alles gleichmäßig vermischt ist.

2 Lege die Plastikfolie auf ein Tablett. Löffle die Masse auf die Folie und forme sie mit dem Löffel an den Rändern wellig zu einem schönen Fleck. Achtung, die Masse sollte nicht zu dünn aufgetragen werden, da sie sonst später leicht reißt.

Material

* 6 EL Bastelkleber (klar)
* Lebensmittelfarbe in Gelb
* 2 EL Rasierschaum
* Löffel zum Umrühren
* kleine Schüssel
* feste Plastikfolie, z. B Schnellhefter
* Tablett oder feste Unterlage
* zum Bestreuen: Curry-pulver, Kaffee, Früchtetee, Schwammstückchen, Staub, Orangennetzschnipsel und andere Fussel

3 Bestreue den Fleck mit allerlei Kleinzeug: Curry-Pulver, Kaffee, Fusseln, je nachdem was du so findest. Besonders gut machen sich kleine Brocken vom Spülschwamm, Früchtetee-Stückchen oder Staub-flocken. Lass deiner Fantasie freien Lauf … Hauptsache, es sieht schön eklig aus! Lass den Ekelfleck 1–2 Tage trocknen.

4 Nach dem Trocknen kannst du den Fleck vorsichtig von der Folie ziehen. Überlege dir schon mal, wen du damit ekeln möchtest, und dann platziere den Fleck geschickt …

TIPP
Mit der Zeit kann der Fleck etwas trocken und uneben werden. Drücke ihn zum Aufbewahren an eine Fensterscheibe, dann bleibt er länger glatt und einsatzbereit!

118

120

122

124

126

SCHIMMEL SCHLEIM PAKET

128

130

HAUPT GEWINN

COOLER Ätsch!

132

136

134

Schaumparty!
SEIFENBLASEN-PUSTER

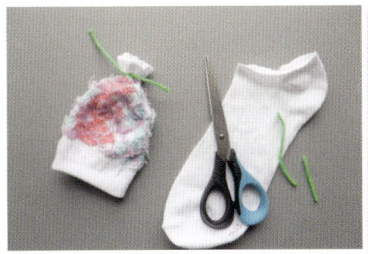

❶ Schnapp dir die Flasche und such einen Erwachsenen, der dir mit dem Cutter behilflich ist. Entfernt den unteren Teil der Flasche. Schneide die Schnittkante mit der Schere schön gerade.

❷ Von der Socke brauchst du nur den Hals. Schneide ihn ab und drehe ihn auf links. Binde ihn am unteren Ende mit einem Wollfaden fest zusammen, sodass eine kleine Mütze daraus wird.

Material

* Plastik-Getränkeflasche, 0,5 l
* Cutter
* Schere
* einzelne Socke
* Wollfaden
* Schüssel mit Seifenblasen-lauge

❸ Drehe die Mütze auf rechts und stülpe sie über die abgeschnittene Flasche. Fertig ist der Seifenblasen-Puster! Tunke ihn mit der Socken-seite in die Schale mit Seifenblasen-lauge, dann puste in die Flasche.

Wer kann die längste Seifenwurst pusten? Oder sogar seinen eigenen Namen? Probiert doch mal!

TIPP
Die Seifenblasen-Puster sind schnell gemacht und ein absoluter Langeweile-Killer! Mit mehreren Kindern kann so schnell eine spontane Schaumparty gefeiert werden. Natürlich am besten im Sommer und draußen!

Cooler Durstlöscher!
TRINKHALM MIT DURCHBLICK

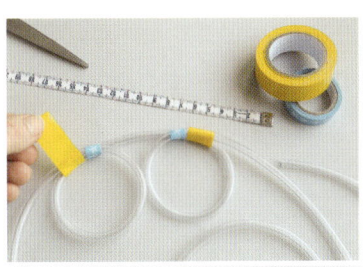

1 Lege den Schraubdeckel auf das Holzbrett. Schlage mit Hammer und Nagel ein Loch hinein. Es muss so groß sein, dass der Wasserschlauch hineinpasst. Eventuell bohre es mit der Schere vorsichtig etwas nach. Klopfe die scharfen Kanten mit dem Hammer platt.

2 Verziere dein Schraubglas bunt mit Klebebändern. Klebe deinen Namen darauf oder ein wildes Muster, ganz wie du magst.

Material

* Schraubglas mit Deckel
* Hammer und Nagel
* altes Holzbrett als Unterlage
* Schere
* PVC-Schlauch, transparent, lebensmittelecht, 2 m lang, innen 4 mm ø, außen 6 mm ø
* bunte Klebebänder
* Maßband

3 Lege etwa 60 cm von einem Schlauchende entfernt zwei Schlaufen für die Brille. Fixiere sie oben mit Klebeband und schmücke den Trinkhalm mit ein paar bunten Streifen. Fülle dein Glas mit leckerer Saftschorle und schraube den Deckel auf. Setze die Schlauchbrille auf und klemme den restlichen Schlauch einfach hinter deine Ohren. Wickle dir das längere Schlauchende locker um den Hals. Das kürzere Ende steckst du ins Glas. Prost!

TIPP
Den PVC-Schlauch kann man in Baumärkten, Zoohandlungen oder im Internet als Aquariumsbedarf kaufen, meterweise oder gleich in größeren Mengen.

Material

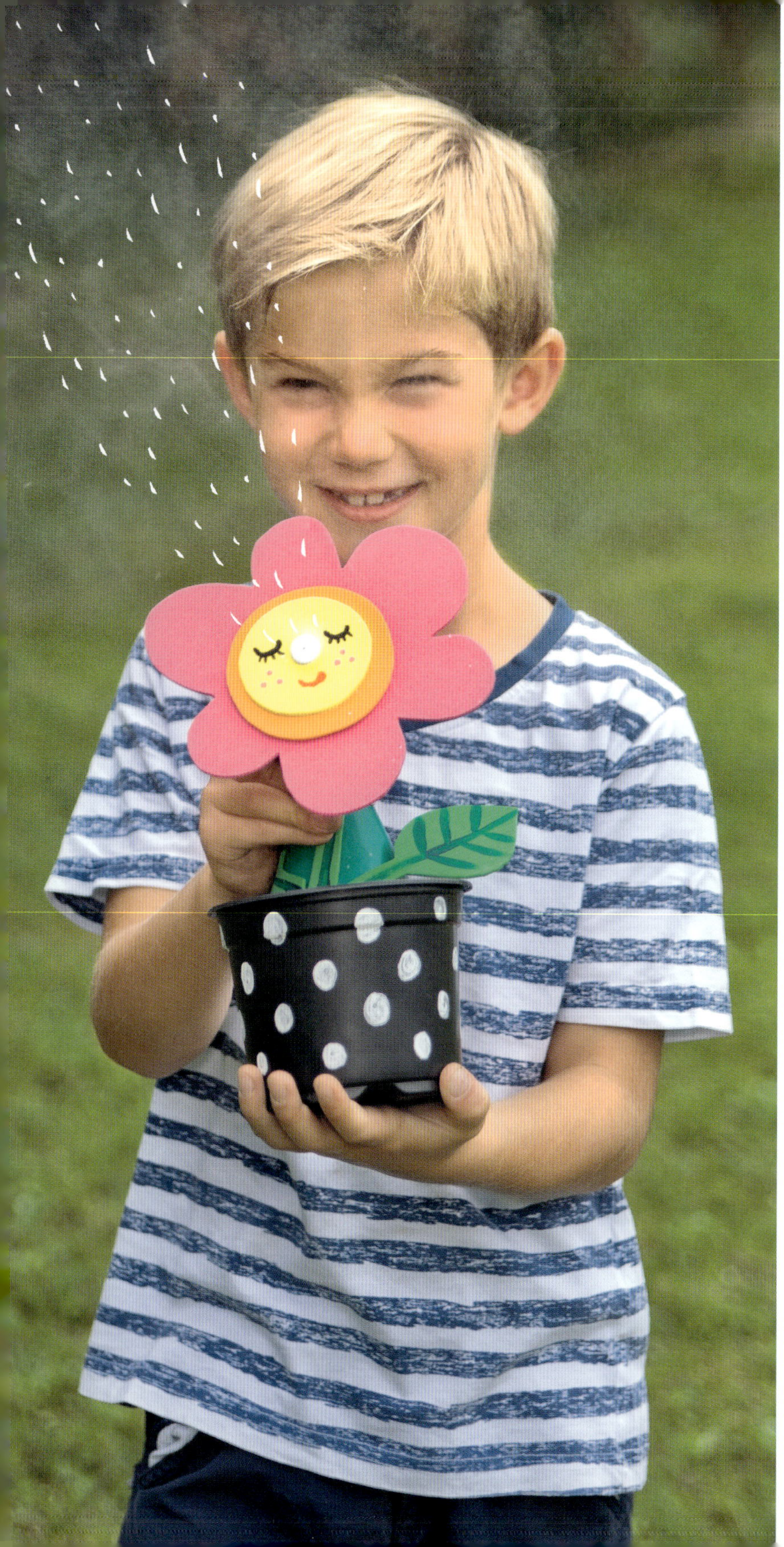

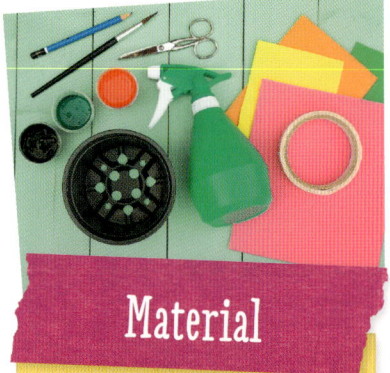

* Bastelvorlage Spritzblume von Seite 140
* Schere
* Bleistift
* Moosgummi in Grün, Rosa, Gelb und Orange
* Pflanzen-Sprühflasche, 0,5 l
* Nagelschere
* doppelseitiges Klebeband oder Klebestift
* Acrylfarben
* Pinsel
* Plastik-Pflanztopf (Sprühflasche muss hineinpassen)

Spritz, spritz!
FEUCHTFRÖHLICHE BLUME

1 Kopiere die Bastelvorlage für die Blume von Seite 140 und schneide die Teile aus. Übertrage den Umriss der Blume auf rosa Moosgummi. Übertrage zweimal das Blatt auf grünes Moosgummi. Schneide die Formen aus.

2 Schneide für das Blumengesicht einen gelben und einen etwas größeren orangen Moosgummikreis aus. Zuletzt schneide einen grünen Streifen für den Stängel zu.

3 Drücke die Düse der Spritzflasche in die Mitte des gelben Kreises. Schneide den Abdruck mit der Nagelschere aus. Mit dem orangen Kreis und der rosa Blume machst du es genauso. Klebe die drei Teile mit dem doppelseitigen Klebeband aufeinander.

4 Bemale Blätter, Stängel und Blumentopf und male der Blume ein Gesicht.

5 Fülle die Sprühflasche mit Wasser. Klebe Blätter und Stängel daran fest.

6 Stelle die Flasche in den Blumentopf und schiebe die Blüte auf die Düse der Sprühflasche. Fertig ist die Sprühblume.

Frage jemanden, ob er an deiner Blume schnuppern möchte. Und wenn ja, dann: spritz, spritz!

TIPP

Alaun bekommst du in der Apotheke. Du kannst die übrige Alaun-Lösung aufbewahren und für weitere Kristalle verwenden. Das geht auch, wenn sie schon auskristallisiert ist. Erhitze einfach das Glas mit der Lösung im Wasserbad, dann lösen sich die Kristalle wieder.

Magisch!
GLITZERNDE KRISTALLBUCHSTABEN

1 Biege aus den Pfeifenputzern bunte Buchstaben. Natürlich kannst du auch einfach Motive biegen, zum Beispiel ein Herz oder einen Stern. Befestige an der Oberseite einen Perlonfaden zum Aufhängen.

2 Stelle eine gesättigte Alaun-Lösung her. Keine Angst, das geht ganz leicht: Erhitze das Wasser im Kochtopf, es muss aber nicht kochen. Gib die Hälfte des Alauns hinein und rühre mit dem Schnee-besen um. Gib nach und nach so viel von dem Alaun hinzu, bis es sich nicht mehr auflöst.

Material

* bunte Pfeifenputzer
* Perlonfaden
* Schere
* 0,5 l Wasser
* Kochtopf
* 500 g Alaun
  (Kaliumaluminiumsulfat-
  Dodecahydrat)
* Schneebesen
* leeres Einmachglas
* einige Schaschlikstäbe

3 Fülle das Einmachglas vorsichtig mit der heißen Lösung. Binde die Buchstaben mit dem Perlonfaden an einen Schaschlikstab und hänge sie in die Lösung. Achte dabei darauf, dass sich die Buchstaben nicht berühren. Jetzt brauchst du etwas Geduld … Schaue einfach nach einer halben Stunde nach, ob sich bereits Kristalle gebildet haben. Sonst hänge die Buchstaben zurück in die Alaun-Lösung und schaue eine halbe Stunde später noch mal nach. Lass die fertigen Kristallbuchstaben auf einem Geschirrtuch trocknen.

Vorsicht, Großmaul!
GEFRÄSSIGER SCHNAPPDINO

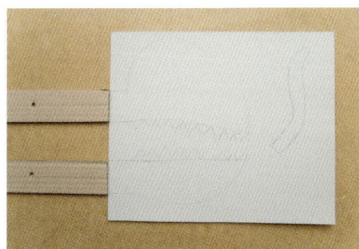

1 Loche die Pappstreifen. Zeichne dafür mit Lineal und Bleistift auf allen Streifen längs in die Mitte eine Linie. Markiere bei 2 Streifen je 3 Punkte auf der Linie: jeweils 2 cm vom Rand und in der Mitte. Bei den restlichen 4 Streifen reichen 2 Punkte: einer 2 cm vom Rand und einer in der Mitte. Loche die Pappe an den markierten Stellen mit der Lochzange.

2 Für den Kopf kopiere die Bastelvorlage von Seite 138. Schneide sie aus, lege sie auf die dünne Pappe und fahre die Umrisse mit dem Bleistift nach. Male eine Zunge auf und schneide alles aus.

Bastelvorlage von Seite 138.

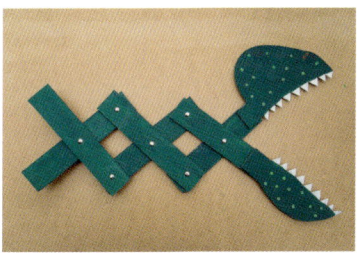

3 Male die Zunge rot und alle anderen Teile dunkelgrün an. Lass die Farbe trocknen. Tupfe mit dem Wattestäbchen hellgrüne Pünktchen auf den Kopf und male die Zähne weiß an. Zum Schluss tupfe noch zwei braune Nasenlöcher auf.

4 Klebe die beiden Kopfstücke an 2 der Pappstreifen mit 2 Löchern, an das Ende ohne Loch. Lege dann die 6 Pappstreifen rautenförmig aufeinander. Die beiden Streifen mit den 3 Löchern müssen in die Mitte, die Kopfstücke an ein Ende. Verbinde die Streifen mit den Musterklammern.

5 Schneide aus dem Filz eine lustige Frisur und klebe sie von hinten an den Kopf. Klebe die Zunge von hinten so an, dass sie im geöffneten Mund mittig sitzt. Jetzt noch ein Wackelauge ins Gesicht und fertig ist der Dino!

Material

* Lineal
* Bleistift
* 6 dicke Pappstreifen in 4 x 20 cm
* Lochzange
* Bastelvorlage Schnappdino von Seite 138
* Schere
* 1 Stück dünnere Pappe für den Dinokopf
* Bastelfarbe in Hellgrün, Dunkelgrün, Weiß, Rot und Braun
* Pinsel
* Wattestäbchen
* 7 Musterklammern
* Filz in Rot
* Leim
* 1 Wackelauge

Material

* 21 Karteikarten in DIN A8
* Filzstifte
* Locher
* 1 Bogen Bastelkarton in DIN A4
* Lineal
* Bleistift
* 3 Pfeifenputzerstücke, je 10 cm lang
* bunte Tonkartonreste
* Schere
* Klebestift
* Tacker

Stelle den Schimpfwort-Generator auf und blättere dir ein paar feine Schimpfwörter zusammen. So bist du nie mehr um eine Antwort verlegen, wenn dir mal jemand blöd kommt ...

Du Käsematschbeule!
GENIALER SCHIMPFWORT-GENERATOR

1 Lege die Karteikarten quer vor dich hin und schreibe mit Filzstift auf jede ein lustiges Wort. Verwende dabei nur Substantive, denn die lassen sich problemlos aneinanderreihen. Wenn du magst, verziere die Karten mit bunten Filzstiften.

2 Mit dem Locher stanze oben in die Karten ein Loch zum Aufhängen. Es sollte möglichst in der Mitte sein. Bilde 3 Stapel mit je 7 Karten.

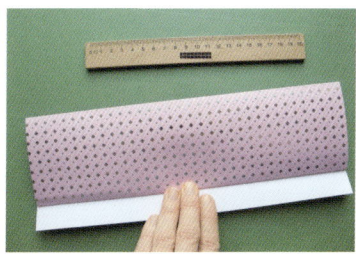

3 Für den Aufsteller falte den Bastelkarton längs zur Hälfte. Dann knicke die Längskanten 2 cm nach hinten um.

4 Lege die Kartenstapel gleichmäßig nebeneinander an den Kartonfalz. Markiere die Stanzlöcher der Karten auf dem Bastelkarton. Dann loche den Aufsteller an den Markierungen.

5 Lege den linken Wörterstapel auf das linke Stanzloch des Aufstellers. Fädle ein Stück Pfeifenputzer durch die Karten in den Aufsteller. Biege das andere Ende rund und stecke es durch das Loch auf der Rückseite des Aufstellers. Verdrehe die Enden auf der Innenseite. Befestige die anderen Stapel genauso.

6 Schneide aus bunten Tonpapierresten drei kleine Dreiecke aus und klebe sie unter die Wörterstapel.

7 Lege die unteren Kanten des Aufstellers so, dass sie sich 1 cm überlappen, und tacker sie an den Seiten fest.

Bringt Schwung in die Hüften!
REGENBOGEN-HULA-HOOP

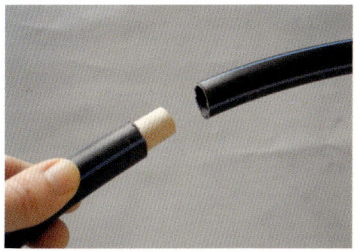

1 Verbinde die Enden des Rohrs mit dem kleinen Stück Rundholz zu einem Kreis. Schiebe dafür das Holz bis zur Hälfte in eine Rohröffnung. Dann stülpe die andere Rohröffnung über die zweite Hälfte. Prima, jetzt hast du einen Reifen!

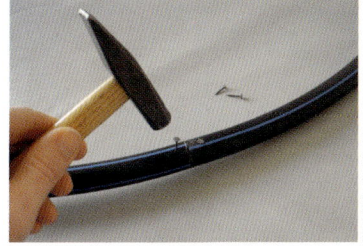

2 Schlage durch jedes Rohrende von der Ober- und Unterseite einen kleinen Nagel, so hält der Reifen gut zusammen.

Material

* 2,5 m schwarzes PE-Rohr (Trinkwasserrohr), außen 20 mm ø, innen 16 mm ø
* Rundholz, 16 mm ø, 4 cm lang
* 4 kleine Nägel
* Hammer
* Isolierband in bunten Farben

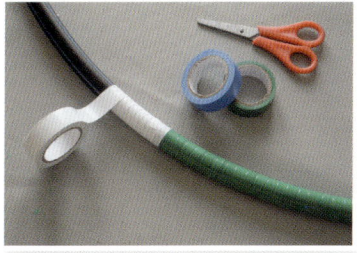

3 Jetzt wird's bunt: Suche dir ein Isolierband aus und umwickle damit den Reifen, sodass das schwarze Rohr komplett abgedeckt ist. Nach dem ersten Reifen-Drittel wechsle die Farbe. Für das letzte Drittel suche dir eine weitere Farbe aus. Achte darauf, gleichmäßig zu wickeln, damit das Isolierband faltenfrei anliegt.

4 Umwickle den Reifen mit bunten Streifen: Beginne immer in der Mitte eines Farbabschnittes und wickle bis zur Mitte der nächsten Farbe. Dann wechselst du die Streifenfarbe. So wird dein Hula-Hoop regenbogen-bunt!

Lass den Reifen um deine Hüften oder Arme kreisen. Siehst du, wie toll die Farben ineinanderwirbeln? Wer kann seinen Reifen am längsten in Bewegung halten?

Material

* Kleister
* Schneebesen
* Schüssel, ca. 1 l
* Bastelkleber
* dicke Pappe, ca. 50 x 40 cm
* Schere
* großer Joghurtbecher 0,5 l
* Sahnebecher o. Ä. 0,2 l
* Zeitungspapier
* Klebepistole
* Kreppband
* Acrylfarbe in Grau, Schwarz und Orange
* Pinsel
* Klarlack
* Glitter in Rot
* 2 Päckchen Backpulver
* Essig, ½ Glas
* Wasser, ½ Glas
* rote Lebensmittelfarbe
* etwas Spülmittel
* Krug
* Schaschlikstab zum Umrühren

Ganz schön brenzlig!
SPRUDELNDER VULKAN

1 Rühre mit dem Schneebesen eine Schüssel Kleister an. Auf der Packung steht, wie das funktioniert. Rühre in den fertigen Kleister einen Schuss Bastelkleber.

2 Schneide die Ecken der Pappe rund. Für das Vulkangerüst klebe den großen Becher mit der Öffnung nach unten auf die Pappe. Klebe den kleinen Becher darauf.

3 Für die Form des Vulkans beklebe die Becher mit Zeitungspapierknäueln und Kreppband. Drehe Zeitungspapierwürste und klebe sie als Rand um die Pappe.

4 Kleistere einige Bögen Zeitungspapier ein und umkleide die Vulkanlandschaft mit mehreren Schichten. Umwickle auch einige Zeitungsknäuel mit eingekleistertem Zeitungspapier und lege sie als Felsen an den Rand des Vulkans. Lass alles 1–2 Tage trocknen.

5 Male die Spitze des Vulkans und den Krater orange an. Alles andere grundierst du dick mit grauer Farbe. Verziere den Vulkan mit schwarzen Tupfern und Spritzern. Dann lass alles trocknen.

6 Streiche die Vulkanspitze mit Klarlack ein und streue sofort roten Glitter darüber. Es sieht aus, als würde der Vulkan glühen! Lass den Lack trocknen.

7 Für die Lava gib zwei Päckchen Backpulver in den Krater. Verrühre Wasser und Essig im Krug mit roter Lebensmittelfarbe und 3–4 Tropfen Spülmittel. Gieße etwas Flüssigkeit in den Krater. Rühre die Mischung zwischendurch mit dem Holzstab um, damit das Backpulver nicht verklumpt. Na, brodelt es schon?

Pitschepatschenass!
BUNTE SCHWAMMBOMBEN

1 Schneide aus den Schwämmen, Schwamm- und Wischtüchern fingerbreite, 8–10 cm lange Streifen zurecht.

2 Lege immer eine gute Handvoll davon zu einem bunten Bündel zusammen. Bereite am besten gleich mehrere Bündel vor, dann geht dir nachher bei der Wasserschlacht die Munition nicht so schnell aus … Wickle um die Mitte einen Baumwollfaden und mache einen lockeren Knoten.

Material

Für 3 Wasserbomben
* je 2 bunte Haushalts-schwämme, Schwammtücher und Wischtücher
* Lineal
* Schere
* Baumwollgarn

3 Ziehe den Knoten ganz fest, sodass aus dem Bündel eine bunte Kugel wird. Bitte jemanden, kurz den Finger auf den Knoten zu drücken, damit er sich nicht lockert. Mache noch einen Knoten, ziehe ihn gut fest und schneide den überstehenden Baumwollfaden ab.

Sind alle Schwammbomben fertig, brauchst du nur noch einen Eimer Wasser und ein paar Wasserratten, die mitspielen. Schwammbomben ins Wasser tunken und Attacke!

Viel Glück!

Viel Glück!

Viel Glück!

Viel Glück

HAUPTGEWINN

Viel Glück!
RUBBEL-LOSE ZUM VERSCHENKEN

1 Denk dir lustige kleine Bilder und Sprüche für deine Rubbel-Lose aus und zeichne sie mit Filzstiften auf Karteikarten.

2 Verziere die Lose kunterbunt mit Washi-Tape.

Material

* Filzstifte
* Karteikarten in Weiß, DIN A7
* Washi-Tape zum Verzieren
* Schere
* weiße Kerze
* kleine Schüssel
* Teelöffel
* Acrylfarbe in Gold
* Spülmittel
* Pinsel

3 Reibe mit der Kerze die Stelle sorgfältig ein, die später freigerubbelt werden soll. Das Wachs sorgt dafür, dass die goldene Farbe beim Rubbeln gut vom Papier abgeht.

4 Für die Rubbelfarbe verrühre in einer kleinen Schüssel 2 Teelöffel goldene Acrylfarbe mit 6–8 Tropfen Spülmittel. Trage sie mit dem Pinsel auf deine Lose auf, sodass das Gewinnfeld gut abgedeckt ist. Sollte das Motiv durchscheinen, trage nach dem Trocknen eine zweite Farbschicht auf.

TIPP
Statt in Gold kannst du Rubbelfarbe natürlich auch in deiner Lieblingsfarbe anrühren! Du kannst damit auch prima kleine Rubbel-Grußkarten gestalten.

Bastelvorlagen

zum Kopieren und Abpausen

Hungrige Monster

Schnappdino

Rakete

Rakete

Glupschaugen

Stoffbruch

Glupschaugen x 2

Piratenschatz

Fischflosse

Wasserfänger

– 139 –

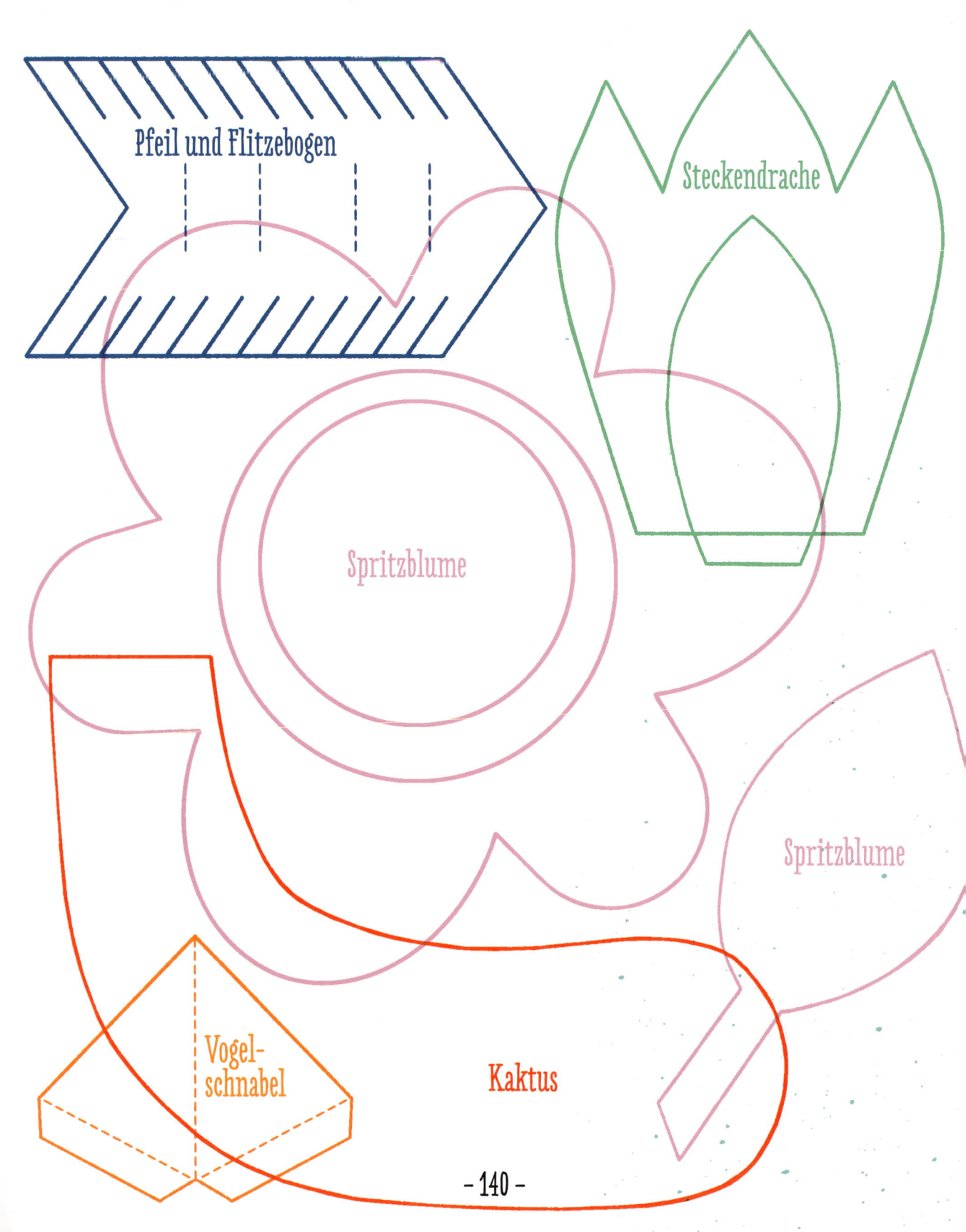

Pfeil und Flitzebogen

Steckendrache

Spritzblume

Spritzblume

Vogel-
schnabel

Kaktus

Danke!

Wir danken herzlich unseren Fotokindern Leo, Malte, Fritz, Diana, Alba und Marta, die mit guter Laune und viel Geduld an unseren Shootings mitgewirkt haben: klasse!

Impressum

Alle Tipps und Informationen in diesem Buch sind sorgfältig ausgewählt und geprüft. Dennoch können weder Urheber noch Verlag eine Garantie übernehmen. Eine Haftung für Personen-, Sach- und Vermögensschäden ist ausgeschlossen.

Haftungsausschluss für Links

Urheber und Verlag haften nicht für Schäden, die durch das Aufrufen der im Buch aufgeführten Internetseiten oder die Verwendung ihrer Inhalte entstehen. Web-Links können sich ändern oder veralten. Für alle im Buch aufgeführten Internetseiten, deren Inhalte oder ihre technische Sicherheit sind ausschließlich deren Betreiber verantwortlich.

5 4 3 2 1   22 21 20 19 18

ISBN 978-3-649-62834-7

© 2018 Coppenrath Verlag GmbH & Co. KG,

Hafenweg 30, 48155 Münster, Germany

CH: Baumgartner Bücher AG,

Centralweg 16, 8910 Affoltern a. A.

Alle Rechte vorbehalten, auch auszugsweise

Bastelideen, Anleitungstext und Arbeitsschrittfotos:
Katja Enseling, honigkukuk.de

Modellfotos: Ruth Niehoff, www.ruth-niehoff.de, www.libellen-werkstatt.de

Redaktion: Karoline Snoek

Layout, Satz und Illustrationen: Ute Kleim, www.utekleim.com

Printed in Latvia

www.coppenrath.de

www.100-prozent-kreativ.de